メディアとプロパガンダ

Letters from Lexington: Reflections on Propaganda

ノーム・チョムスキー
Noam Chomsky

本橋哲也 訳
Tetsuya Motohashi

青土社

メディアとプロパガンダ　目次

メディアとプロパガンダ

前書き

本書がチョムスキーの著作のなかでややユニークなのは、それが同時代の出来事をメディアがどう報道したかの分析を集めた本だという点にある。これらの短い論考はすべてメディア批評を専門としていた月刊誌『Lies of Our Times（現代の迷信）』（この雑誌はそれほど長く続かず一九九〇年一月に発刊、九四年の一二月に終わった）のために書かれたものである。

二〇〇三年の今日それを読み返すと、そうした批評がいかに今の出来事と関連しているかに驚かされる。国際連合とその役割、イラク問題、アラファトとシャロンと「和平プロセス」、「防衛戦争」、アメリカ合州国の「民主主義への渇望」と「責任の重圧」、「反アメリカニズム」、合州国選挙における争点の不在と棄権率の高さなどといった問題はいまでも焦眉のものばかりだからだ。

読者はこうした短い論説がもつ力強さと主要メディアの報道姿勢に対する解析の鋭さにも舌を巻くだろうが、それぞれのトピックを分析するために関連材料を集めてくるチョムスキーの手腕はまさに名人芸の域に達している。歴史的文脈の整理、過去になされた主張と現在のそれとの比較、政治的判断によってメディアが事実や取材源を取捨選択していることの証明。これらを通してほとんどすべての場合においていかにメディアが客観的な事実から隔たった選択と報道を行なっているかが明らかにされていくのである。

たとえば国連の分析において（第九信）チョムスキーは、どのように主要メディアがアメリカ合州国の目的にそって国連評価を行なうかを明快に示す。国連が合州国の目的にそって行動するなら、それは「本来の機能を回復」し「意義ある活動」をしているとされるが、そうでなければ国連は道を外れているので改革と整除が必要で、まあ無視してもかまわない、ということになるのだ。チョムスキーが書いているように、メディアはこうした評価の仕方を説明したり正当化したりする手間をかけたがらない。主要メディアにとっては愛国的な心性が当然で疑う余地のないこととされているからだ。このことは国連における拒否権をどこが行使するかに関するメディアの態度の変化からも言える。かつて国連で拒否権を行使するのはソヴィエト連邦と決まっていた時代には、どの主要メディアもソ連をばかにして時代遅れの抵抗勢力と描くのが常だった。しかし勢力分布が変わってアメリカ合州国が少数派となり拒否権を多く行使するようになると、合州国を時代遅れの抵抗勢力というメディアはなく、代わりに遅れているのは世界のほうだと書かれるようになり、おかげで国連の拒否権に関する報道は激減してしまったのである。

第一〇信ではこの国連についての分析が続けられているが、そこでチョムスキーは第一次湾岸戦争をめぐるメディアの不条理に言及し、上院議員でアメリカ合州国の国連大使だったダニエル・パトリック・モイニハンの国連での活動を検証する。そこで引用される「ニューヨーク・タイムズ」のトマス・フリードマン、ポール・ルイス、ジェームズ・トラウブといった人たちの意見はいずれも国連の新たな目的意識に関するもので、ソ連崩壊後のいま国連が「本来の機能にそって国々が平和裏に紛争を解決するよう強制する」（ポール・ルイス）ことが可能となったと述べられる。しかしチョムスキーが詳細にあげているように、父親のブッシュ政権は一九九〇年から九一年にかけて平和解決を避けつづけており、それが息子のブッシュの代における二〇〇三年のイラク戦争の前触れとなっているのだ。そしてメディアはどちらの場合にも政府支持の姿勢を崩さず、うわべだけの口実めいた言説を垂れ流してきたのである。

一九九〇年九月一六日付けの『ニューヨーク・タイムズ・マガジン』でジェームズ・トラウブはモイニハンを称える記事を書き、モイニハンの国際法への貢献を讃美した。チョムスキーはこの記事に言及して、「国際法について真剣に考えるようになった」いきさつを述べたモイニハン自身の言葉も引用する。チョムスキーによれば、モイニハンがアメリカ合州国のインド大使だったときにインドがゴアに侵攻したが〔訳注：インド西部の州であるゴアは一九六一年までポルトガル領、一九六一年にインド政府によって接収され、その後八七年までインド連邦直轄地だった〕、そのときモイニハンは次のように述べていた。「アメリカ合州国は武力によって獲得された領土を認知しない。それこそが国連憲章の精神であり、好むと好まざるとにかかわらず、それが法というものなのだ」。しかしさらにチョムスキーはモイニハンが自伝のなかで、国連大使のとき明らかに国際法違反だったインドネシアの東ティモール侵略を国連が止めるように機能させなかったことを次のように自慢げに記している箇所を引用する。「アメリカ国務省は国連があらゆる手段において無能であるよう望んでいた。その仕事を受け持った私は見事にその任務をやり遂げたのだ」。チョムスキーはくわえて、数週間で東ティモール総人口の一〇パーセントに当たる六万人が殺されたというモイニハン自身の言葉を引用するが、これだけの人々が殺されても国際法を無視することに成功したという彼の自慢は揺るぎもしないのである。言うまでもないことだが、「ニューヨーク・タイムズ」はモイニハンの自伝のこの部分にけっして言及しない。

国連とモイニハンの業績がどのようにメディアをとおして伝えられているかについてのチョムスキーの分析には量りしれない価値があり、同様に他の十八の章をなす書簡も熟読に値する。チョムスキーは優れた、ある意味でユニークなメディア解釈者であって、この小さな本におさめられた省察とおなじだけの価値を持つメディア報道の分析をほかに探しだすことはきわめてむずかしいと言えるだろう。

二〇〇三年九月二四日　エドワード・ハーマン

新版への序文

ノーム・チョムスキーの『メディアとプロパガンダ』が版を新しくして出ることは、私にとって二重の喜びだ。ひとつは彼のアメリカ合州国のメディアと外交政策の分析という、勇敢で明快な洞察力にあふれた仕事が忘却の穴に沈んでしまわないから。そしてもうひとつは、権力に対抗して真実を語ろうとするときの彼の確信と熱意とたゆまぬ倫理的姿勢とが、異議申し立てをするために支配的思考と異なって考えようとする人々を勇気づけ導くだろうから。

本書の新版は時宜にかなっているだけでなく、多くの点で今日ますますその重要性を増している。ブッシュ政権がたどる危ない道が一国主義的で弁解無用のカウボーイ式の「やってやれ」外交に徹してきたおかげで、世界はきわめて危険で安心できない、そして危機的に不公平な場所にされている。チョムスキーのこの本は十年以上も前に書かれたものだが、いまだにアメリカ合州国にまつわる皮肉な事態を理解するのに肝要な道具を提供してくれる。この国がいわゆる「第一世界」のなかでももっとも進歩した第一等国であるという誇りをいだきながら、七〇パーセント以上の国民がイラクに対する不法な戦争を闇雲に支持し、好戦的にアメリカ国旗をふりかざして「愛国心」の檻のなかに自閉するだけでなく、嘘まみれの戦争に対する「合意の捏造」を許してしまう、こうした事態がアイロニーでなくてなんだろう。アメリカ国民の頭がいかに飼いならされてしまっているかは、メディアも知識人たちも人口の大半もまったくと言っていいほど怒らないことに典型的に示されており、それがイラク戦争を合理化するウソ偽りを支えているのだ。こうした嘘には安全保障理事会で国務長官コリン・パウエルが戦争を正当化するために作成したニセ書類から、大統領ブッシュが一般教書演説で行なった虚偽の主張、すなわちイラクが「三万発のミサイル、五百トンの化学兵器、二万五千リットルの炭疽菌、三万八千リットルのボツリヌス菌毒素」を所有しているという報告までが含まれる。(1) 大量破壊兵器がけっきょく見つからなかったことなど問題ではない、たとえ最初からこうした政策が嘘と虚偽に固められていたことが事実によって明らかにされても、六六パーセントのアメリカ国民がブッシュを信じて支持しつづけたからだ。イラク戦争の中心的立役者であるポール・ウォルフォヴィッツが『ヴァニティー・フェア』誌のインタヴューでイラクの大量破壊兵器は戦争遂行の主要動機ではなく、戦争に国民を駆り立てるための官僚的決定のひとつに過ぎなかったと認めたにもかかわらず、どうやらアメリカの大衆はそんな大嘘もほとんど気に止めない様子。あいかわらずアメリカ国旗に身を包み、そのおかげで「孤独な人間に一体感をあたえ、無意識の罪悪感をはらってくれることで自分を肯定できる」ような仕組みのなかに安住していられるのだ。(2) こうして多くのアメリカ人が自らの美徳を守るために戦争を支持することが至上命令となり、そのことはブッシュ政権によるイラクへの先制攻撃が虚偽に満ちたものであったことが明らかとなった今でも変わっていない。イラクへの侵略が「およそ一万一千人から一万五千人のイラク人」を殺害し、そのうち「三千二百人から四千三百人は非戦闘民間人であった(3)」ことなど問題ではないし、上院議員のトレント・ロットが言い放ったように「もし必要ならやつらの国全体を根こそぎ破壊してみたらどうか(4)」といった脅しを実行に移すことさえありえないことではない。侵略後のイラク情勢は日に日に悪化しており、テロの危険もさらに増大、世界はますます安全な場所でなくなりつつあるというのに、それでもかまわないというわけだ。われらの勇敢なる兵隊たちがバグダードの石油省を警備していた間、世界で最古の文物が博物館から略奪されてもまあ仕方ないということらしい。

きわめて洗練されたメディアによるプロパガンダが成功したおかげで、多くのアメリカ国民がアメリカ国旗に象徴された偏狭な愛国主義に忠誠を尽くすことのほうを選んでおり、そのことがイラク戦争についての議論を異議申したてや冷静な分析をゆるさない方向にみちびいている。イラク戦争に関するブッシュ政権の政策を批判することは反アメリカ的とみなされ、戦争が始まってしまうとブッシュ政権に対する疑問は自国の兵士への裏切り行為であるとの巧妙なレッテル貼りがされてきた。事実メディアが戦争準備の露払い役を務めたおかげで、なぜブッシュがイラクに先制攻撃をしかけたかったのかという動機を検証することが不可能になってしまったのだ。下院議員が大統領を批判しようものなら次の選挙で落選する可能性がきわめて増大するというほどに。こうして議会も保守的な議題を承認するゴム印になりさがり、おもに富裕層だけが得をする減税などが決められて、共和党と民主党とのイデオロギー的差異も消滅する。現実に民主党は反対政党としての役割を放棄し、好戦的で良心も原則もかなぐりすてた共和党のペットとして、ほかの国なら極右とただしく名づけられるはずの政党の政策に唯々諾諾としたがってきたのである。

ブッシュ政権がイラク戦争のために捏造してきた虚偽の理由がつぎつぎと明らかになるにつれ、私たちは自ら読解能力も高く民主主義のモデルとみなすこの国で、なぜ六〇パーセント以上もの大学生が嘘とごまかしにみちたブッシュの政策を支持しているのだろうかと問いはじめることが可能になっている。この謎を解くひとつの道は、政治にかんする読解能力についての教育の失敗を問うことだが、より深く分析してみると、アメリカ合州国の教育機構の失敗と考えられているものが実際には、メディアと主要教育機関と企業といった強大な組織が一体となって形づくってきた洗脳システムが成功裏に再生産されている結果であることがわかる。こうした枠組みのなかで、批判的な問い、とくにシステムそのものを問うような批判がタブーとされているのである。チョムスキーによれば、「かりにケネディ・スクール・オブ・ガバメントとかスタンフォードとかに行って、ジャーナリズムやコミュニケーション、政治学などを勉強したとして、こういう批判的問いはまず生まれてこない。つまり支配政権を疑ってみるという、この仮説はだれでも何も知らなくても構築可能なものなのに、それを表明することは許されず、その証拠を議論することもできない……。こういったことは意図的な検閲の結果ではなくて、人が組織のなかで枢要な地位を得ていくためには、こうした無批判な姿勢が内面化される必要があるのだ」（三〇―三一頁）。

このような公式の教義をいちおう民主的とされる開かれた社会で人の内面に植えつけるには、さまざまな検閲手段に訴えてプロパガンダを遂行し「人々の頭脳をコントロール」しなくてはならない。

しかし非閉鎖的な社会における検閲は独裁的な社会における検閲のやり方とは大きく異なる。アメリカ合州国において検閲は自己検閲のかたちをとり、その成功のカギは「プロパガンダ産業」と「過去七〇年か八〇年ほどで政治学の一分野となってきたコミュニケーションと情報を扱う政治的学問分野」（三二頁）にあって、そこでは「自分で独自に考えて異議を申し立てる人を厄介者扱いして除去するさまざまなシステムが完備されている」のだ（二七頁）。まさに学校や大学は教員と学生を飼いならすための収容所として機能しており、彼ら彼女らは独自の思考や批判的発想が相手にされない雰囲気のなかで知恵を授けられることもなく、迷路のように複雑な課程のなかを無反省に歩かされる単なる技術者に貶められている。これこそがチョムスキーによれば、合意の捏造を育む馴致機関としての教育モデルなのである。

大学を出た者ならわかるだろうが、この国の教育システムは根本的に順応性と服従に報償をあたえるようできている。そうしたシステムに従わない者は問題児と見なされるのだ。つまりこれは一種の選別手段で、自分をとりかこむ社会の権力機構の信念と態度という枠組みを正直に（彼らは嘘をついているわけでないので）内面化した者が報われることになる。たとえばハーヴァードとかプリンストンのようなエリート校や小規模な上層の大学は、社会的なしきたりをきわめて重視する。ハーヴァードのような場所に行くと、礼儀を教えられることが多い。つまり上流階級の一員としてどう振舞うべきか、正しい考え方とはどのようなものかとか、そういったことを徹底して叩き込まれるのである。（二七―二八頁）

こうした訓練の結果、教員も学生も、多くの専門家と同様、支配的なイデオロギーを受け入れ、技術屋になっていく。自分が思考のコンベアーベルトで受けた専門的訓練と、事実だけを重視することを標榜する知の神秘的重圧によって、彼ら彼女らは世界を総合的に把握する批判的分析能力を育むことがきわめて困難となる。実際、チョムスキーによる学校や大学の評価は、もうひとりの偉大な教育家であるパウロ・フレイレが述べた大学教育の支配的傾向の記述と驚くほど照応している。

きょう大学で私たちは科学における客観性が科学者の中立性を必要とすることを習った。知識とは純粋で普遍的、無条件のものであって、普遍性こそが知識の場であると。また私たちは暗黙のうちに、世界が知識を所有している者とそうでない者（つまり肉体労働をしている者）とのふたつに分断されており、大学は前者のためのものであると学んだ。大学は汚れなき知識の殿堂であって、人類の解放のような世俗の関心からは超越していなくてはいけないとも私たちは学んだのだ。きょう私たちは現実が所与のもので、それをあるがままに記述することができるのは私たちが科学的な中立性を保っているからだと習った。私たちは現実をあるがままに描写するのであるから、それがあるがままであることを説明してくれる理由がどこにあるのかを検証する必要はない。しかし私たちがもしあるがままの現実世界を批判して新しい生活方法を提唱するとしたなら、大学での知識によれば私たちはもはや科学者ではなく、言論活動家ということになってしまうのだ。きょう私たちは大学で、経済発展とは純粋に技術的問題で未開発国の人びとにはそれが不可能だ（混血だから、性格ゆえに、気候のせいで）と習った。黒人は遺伝的に劣等なので白人より学習能力が低いと教えられたのである。[5]

チョムスキーの『メディアとプロパガンダ』は、「大企業によるプロパガンダ」と「主流の学問」が合同してうみだす合意の捏造によって支えられ作りだされる嘘の教育を批判するという、こんにち必須の営みを代表するものだ。こうしたプロセスによって、「形式上多くの人々が選挙権を持つという事実を克服することができる……。その事実は合意を作りだすことによって無効にすることができ、たとえ形式的な参加ができても人々の選択や態度を自分たちの言った通りにしてしまうことが可能となる。かくして適正に機能する民主主義が作り出されるのであり、それはプロパガンダ産業の教訓を適用した結果なのである」（三七頁）。しかし本書は同時代の社会的・政治的（無）秩序を非難するだけではない。同時にこの本はますます人間の尊厳をおとしめようとする現実の鎖をたちきろうと願う人々に自らを守る武器を与えてくれるからだ。そうしなければ飼いならすための教育にただ従うだけとなって、人々が独自に批判的に考える能力は麻痺してしまうことだろう。飼いならすための教育はひとしなみに思考停止を招くだけであり、その最近の例がポップ・スターのブリトニー・スピアーズの次のような発言だろう。「サンダンス・フィルム・フェスティヴァルはおかしいよ。映画を見るたびに何かそれについて考えなくちゃいけないなんて」[6]。このようなアメリカ社会における馴致教育の勝利はおそらくアドルフ・ヒトラーが次のように言ったときに頭にあったものだろう。「権力者にとって民衆がなにも考えないことほどありがたいことはない」[7]。「怪物のようなプロパガンダ産業」と飼いならすための教育による破壊的効果にあらがうために、真にラディカルな民主主義を夢見るすべての意識ある市民は、「ロンドン北部のハリンゲイの鉄道駅にたくさん張られていた『チョムスキーを読もう』と書かれた白いシール」のメッセージにこだわり続けるべきである。(8) このシールがマサチューセッツ州ケンブリッジの地下鉄ハーヴァード駅にも張られていないのはいかにも残念だが。

二〇〇三年一二月一日　　ドナルド・マセド

著者序文

この本の形式はやや通例とは異なっているので、ひとこと説明を加えておいたほうがいいだろう。

一九九〇年一月にメディア批評誌『Lies of Our Times（LOOT）現代の迷信』が創刊されたとき、私は定期的に寄稿したかったが、何年も前まで予定が入っているあまりに多忙なスケジュールのため、それは簡単なことではなく、ふたつ書いてから（第二信と三信）ほかの仕事のため続けるのが難しくなってしまった。その原因の一つには私が大量の手紙や通信を書くことにあり、他に多くの理由もあってそこには私の性格も含まれるのだけれども、それはまあどうでもいいことだろう。実はより大事な理由があって、それはアメリカの民主主義のありかたに関わっている。アメリカの民主主義の妙味は人びとをたがいに孤立させ、関係を持てなくすることで民主主義的形式になんらかの実体を付与する恐れのある情報ややりとりを得られなくしてしまうことにある。これこそが私たちがいま「独裁」と呼んでいるシステムが依拠する政治理論の中核にある古典的知恵であって、さまざまな歴史的理由からアメリカ合州国でそれが極められてきたのだ。ときにメディアの統制をかいくぐって漏れだす異議申し立ての声は、次のような内容を基本とする反応を導きだすのが常である。「こういう考えをしているのは自分だけかと思っていた。もっと教えてほしい、どこでそういう声が聞けるのかも。」その結果、人びとは個人でコミュニケーションを試み、インフォーマルなつながりを築く傾向があるのだ。

一九九〇年二月に書いた多くの手紙の一つが友人で共著者でもあるエドワード・ハーマンに宛てたもので（二月一一日付け）、ハーマンは『ＬＯＯＴ』誌の編集者でもあった。彼は私に『ＬＯＯＴ』に時々でいいから、論考の代わりにインフォーマルな書簡を書くよう勧めてくれ、私もやってみようと思った。その結果がこの本で、その最初がいま言及した二月一一日の手紙で、この本では四信目にあたる（少し書きかえた）。こうした本の作り方が良かったかどうか、それは私にはわからない。

形式をそろえるためにすべての章を「手紙」という風に呼んでいるが、厳密に言えば最初の三本はもともと書簡として書かれたものではない。いくつか後で資料をくわえたり、そこここで書きなおしたり書き加えたりした部分もある。するどい『ＬＯＯＴ』の読者ならお気づきだろうが、最初に雑誌に出たときにはスペースが足りなかったせいや、他の編集上の理由で初出とは違う部分もいくつかある。

私たちが孤立状態から抜け出し、近代民主主義が統率する思考（の欠如）から抜けだすもうひとつの道は、現在私たちがインターネットを通して行なうようになったインフォーマルな情報交換と集会、そして独立メディアをより重点的に利用することによって「リポーター」――実際はふつうの人たちだ――が集まって自分たちの知見を議論しあうことだ。この本に新たに加えられた唯一の「手紙」

は最初に置かれた「何が主流メディアを主流にするのか」で、これはZメディア研究所で行なわれたこうしたインフォーマルな集会の私の話が基になっている。最近のアメリカ合州国によるイラク侵略の前に書かれたものではあるが、この章の内容はメディアが事実だけでなく、ジョージ・ブッシュ政権がイラク戦争を正当化しようとして持ちだした事実の歪曲をも伝えるのに果たした役割を考えるために、現在でも大きな意味を持つのではないかと思う。

ノーム・チョムスキー
レキシントン、マサチューセッツ

1　何が主流メディアを主流にするのか

一九九七年六月のZメディア研究所での講演より

なぜメディアについて書くのかと問われると、その理由の一つは私が知的文化全体に関心があることと、そしてそのなかでいちばん研究しやすいのがメディアだからだ。メディアは毎日何かを届けてくるので、順序だった検証が可能である。昨日の報道と今日の報道を比較することもできるし、何が強調され何がされていないか、物事がどう構造付けられているかが多くの証拠から分析できる。

私の印象では、メディアは学問や知的意見の載る学術誌とあまり違いがない。たしかにより多くの制約はあるかもしれないが、根本的な差異はないと思う。メディアは人々と交通する媒体なので、人はそれに容易に賛成したり反対したりできるのだ。

メディアを観察するには、というかどんな機構でもそれを理解するには、三つの局面に注目する必要がある。まずその組織の内部構造について問うこと。次にそれが社会のなかでどのような位置を占めているかを探ること。そして他の権力や権威をもっているシステムとどういう関係にあるのかを考えること。運がよければ、その情報システムのなかで中心的な位置にある人々の内部記録が得られて、彼らが何をしようとしており、どのように読者や視聴者を教化しようとしているかがわかることもある。この記録とは彼らが公に出してくる説明文書ではなくて、何をしているかを内部のお互いのあいだで言っていることを指す。このなかには多くの興味深い題材がある。

これがメディアの本質に関わる情報の三つの基本形である。それを私たちはいわば科学者が複雑な分子を研究するように観察し、構造を見ることでメディアがどんなものを産出しがちなのか、構造に基づいて仮説を立てる。そのうえで実際にメディアが作りだしたものを調べて、それがどれだけ仮説にあっているかを検査するのだ。事実上あらゆるメディア分析とはこの最後の部分にあたる。すなわち注意深くメディアが産出したものを観察し、そのメディアの性質と構造に関する明らかな想定に見合うかどうかを検証することである。

さて何が見つかるか？　まずわかることは、さまざまに異なるメディアがあってそれぞれ違うことをするということだ。まず娯楽やハリウッド的メディア、テレビドラマがあり、アメリカ合州国の多くの新聞（圧倒的多数）も大衆を相手にしている。

それとはちがうエリート層のメディアもあって、ニュースを収集し論説を加えることのできる膨大な財源を抱えているので、ときにそれはアジェンダ設定メディアとも呼ばれる。これらのメディアが枠組みを設定し、他のすべてがそれに従う。「ニューヨーク・タイムズ」とかCBSテレビといったエリートメディアがここに含まれ、読者・視聴者はおもに特権層だ。「ニューヨーク・タイムズ」を読むのは金持ちか、政治家階級とともに呼ばれる人たちで、彼らは当然のように政治システムに実際に関与している。こうした人々はだいたいがなんらかの管理者層で、政治家・官僚、企業の役員のようなビジネスのマネージャー、大学教授のような教育管理者、あるいは人々の思考と物事の見方を操作するジャーナリストたちといった人たちである。

エリートメディアによって枠組みが設定され、他のメディアがその枠内で活動する。たとえばアソシエーテド・プレス（共同通信）の電信によって常時ニュースが流されてくるが、毎日午後の決まった時間にそれが途絶え、次のような通信がある。「編集者へのお知らせ――明日の「ニューヨーク・タイムズ」の一面には次のニュースが載るでしょう」。つまりどういうことかというと、あなたがオハイオ州デイトンで発行される新聞の編集者で、何が重要なニュースか調べる手立てを持たない、あるいはまあそれについて考えるのが面倒だとして、この通信によって重要ニュースが何かを知ることができる仕組みになっているわけだ。このニュースに一面の四分の一を使い、あとは地域のこととか読者の気晴らしになるような記事で埋める。「ニューヨーク・タイムズ」が明日あなたが関心を持つべき重要事はこれだと言うので、あなたはこのニュースを一面に載せる。オハイオ州デイトンの編集者としては他に独自に調査する財源もないのでそうせざるを得ないのである。

もし独自の調査でもって大新聞が載せたがらないようなニュースを報道したとして、大新聞のほうではきわめて迅速にそれをたたき始める。じっさい最近のゲイリー・ウェブによる調査結果を載せた「サン・ホセ・マーキュリー・ニュース」はその劇的な事例のひとつだろう。〔訳注：一九九六年ウェブはニカラグアにおけるCIAの支援する軍事組織コントラによる麻薬取引の実態を暴いた記事を「サン・ホセ・マーキュリー・ニュース」に載せるが、それが多大な論争を呼んだため同新聞はその内容を撤回、ウェブも主流メディアから敬遠されるようになった。その後、ウェブの報告のほとんどが事実であったことが判明した。」力を持つ側がいったん道からはずれた者を元の「正しい」道に押しもどすにはさまざまな方策があり、それにあらがおうとしても長続きしない。主要メディアが支配するこの枠組みはきわめてうまく機能しており、それが明白に存在する権力構造の一環であることは見やすい道理だろう。

エリートでない大衆メディアの目的はおもに人々に気晴らしを提供することだ。人々に何かをやらせておけば我々を悩ますこともなかろう、というわけである（ここで言う「我々」とはメディアを支配する者たちのことだ）。たとえばプロスポーツに興味を持たせておけばいいわけで、スポーツの結果やセックス・スキャンダルや有名人の噂とかにヤキモキさせておく。真剣な話題でなければ何でもいい。真剣な問題はもちろん力のある者たちの領域で、「我々」に任せておきなさい、ということになる。

「ニューヨーク・タイムズ」とかCBSのようなアジェンダ設定メディアとしてのエリートメディアとはいったいどのような組織なのだろうか？　まずそれは巨大で途方もなく儲かる企業である。さらにその多くがより巨大な企業、ジェネラル・エレクトリックとかウェスティングハウスとかの関連企業であるか、直接の傘下にある。こうした企業はきわめて専制的な構造をなす資本主義体制の権力の頂点に位置している。企業とは基本的に上位下達の階層的な専制組織であり、それがいやならそこから出ていくしかない。主要メディアはそうしたシステムの一部分に過ぎないのである。

それらのメディアはどのような環境で機能しているのか？　それもいま述べたこととほぼ同じで、政府機関や他企業、大学などの主要権力中枢とつながり交流している。メディアは教化的機能を持っているのだから大学との関係は緊密で、たとえば東南アジアやアフリカについて記事を書くとすると、有名大学に行って専門家から何を書いたらいいか示唆を請うか、ブルッキングス研究所とかアメリカン・エンタープライズ・インスティチュートのような機関からどんなことを言うべきかを教えてもらうのである。

これらメディア外部の組織もメディアにきわめて似通った構造を持っている。たとえば大学だがそれを独立した制度と考えることはできない。大学のなかには独立した考えを持つ人々も存在するかもしれないが、それはメディアも同じであり、一般に企業にも同じことが言える。それを言うならファシスト国家でさえも同じことだ。しかし大学という組織の内実は寄生的なもので、他から援助されることで成りたっており、そうした支援の源——個人的富、企業の寄付金、政府の援助金（政府は企業とあまりに密接に結びついているのでその二つを峻別することはほぼ不可能だ）——のただなかに大学も置かれている。大学内の人でそうした構造に適応しない人、それを受けいれ内面化しない人（それを内面化し信じていなければ大学で仕事をすることは難しい）、そういうことができない人は幼稚園からはじまって次第に淘汰されがちである。自分で独自に考えて異議を申し立てる人を厄介者扱いして除去するさまざまなシステムが完備されているからだ。大学を出た者ならわかるだろうが、この国の教育システムは根本的に順応性と服従に報償をあたえるようにできている。そうしたシステムに従わない者は問題児と見なされるのだ。つまりこれは一種の選別手段で、自分をとりかこむ社会の権力機構の信念と態度という枠組みを正直に（彼らは嘘をついているわけでないので）内面化した者が報われることになる。たとえばハーヴァードとかプリンストンのようなエリート校や小規模な上層の大学は、社会的なしきたりをきわめて重視する。ハーヴァードのような場所に行くと、礼儀を教えられることが多い。つまり上流階級の一員としてどう振舞うべきか、正しい考え方とはどのようなものか、とか、そういったことを徹底して叩き込まれるのである。

ジョージ・オーウェルが一九四〇年代なかばに書いた『動物農場』を読まれた方もいるだろうが、これは独裁国家ソヴィエト連邦を風刺した作品で、大いに売れた。この皆が喜んで読んだ本にオーウェルは出版されなかった序文を書いており、それを誰かがオーウェルの原稿のなかから見つけだして三十年後にやっと発表された。『動物農場』へのこの序文は「英国における文学の検閲」と題されており、そこでオーウェルはこの本がソ連の全体主義的体制をあざけったものであることは明らかだとしても、英国も大して変わらないと述べているのだ。英国ではKGBは身近にいなくても結果はほぼ同じで、独自の考えを持っていたり異なる思想を持つ人は排除される、というのである。

オーウェルは組織の構造について少し、おそらくほんの二行ほどだけだが語っている。彼はなぜ独立した思考をする人が排除されるかについて問いを発し、まずひとつには新聞が富裕な人々の所有物で、彼らは自分たちの望むことしか公衆に届くことを望んでいないから、そして次にエリート教育のシステムを経て、たとえばオクスフォードの大学を出ると、言ってはならないこと、考えてはならない思想があるということを学ぶからだと言う。これがエリート組織の社会的しきたりであって、それに適合しなければまず排除される。オーウェルのこの二行によってほとんどすべてが言いつくされていると言ってもいいだろう。

メディアをこのように批判して、たとえばアンソニー・ルイス［訳注：一九二七年生まれのリベラル派の論客で「ニューヨーク・タイムズ」の常連であり、ピューリッツアー賞を二度受賞している。チョムスキーによればルイスは「主流メディアで最左翼」に位置しており、そのことからも主流メディアにおける他のジャーナリストがいかに右寄りであるかが推察しうる。」でも誰でもいいが、彼らだって主流メディアにしか書いていないじゃないか、というとこうしたジャーナリストはとても腹を立てる。彼らは義憤にかられて言う、「だれも私に何を書けなどと指示することはない。私は自分の好きなことを書いている。圧力だの規制だのナンセンスもはなはだしい、どんな圧力も私には加えられていないからだ」と。これはまったくもって正しい言明だけれども、しかし重要なのはつぎの点である。すなわち、彼らが主流メディアから見て間違ったことをけっして書かないからこそ誰も彼らに指図しない、そのことをすでに彼らが行動でもって示してこなければ彼らは主流メディアで仕事をもらえないのだ。もし彼らがサツまわりか何かから始めて、間違ったトピックを追いかけてきたとすれば、今のように何でも好きなことが言える地位にはけっしてたどり着かなかったろう。ほぼ同じことはより思想傾向が問われる大学の学部でも言える。彼らは皆、支配社会のしきたりに従ってシステムのなかを上昇してきたのである。

さてメディア・システムの全体像がつかめたとして、ニュースはどのような形で産みだされるのだろうか? 「ニューヨーク・タイムズ」を例にとろう。「ニューヨーク・タイムズ」は企業であり、企業としてひとつの製品を売っているのだが、その製品とは読者・視聴者である。人が新聞を買ってもこの企業は儲からない。だからただで世界中で読めるウェブサイトに記事をそのまま載せている。人が新聞を買えばたぶん計算上、企業は逆に金を失うだろう。読者・視聴者が製品であるわけだが、その製品とはつまり特権層の人々であって、新聞を書いているのも同様の人々、社会の頂点にあって決定を下している人たちだ。製品は市場に売りに出さなくてはならず、その市場とはもちろん広告主である（すなわち他の企業）。テレビだろうが新聞だろうがメディアとは視聴者と読者を売るビジネスなのだ。企業が他の企業に視聴者を売るのであり、エリートメディアの場合はそれが大企業ということになる。

となるとどういうことが起きるだろうか？　このような状況の下でメディアが産みだす製品は一体どのような性質を持つだろうか？　これ以上の条件を想定しないとして、この時点でどんな仮説が導きだせるだろう？　明白に言えそうなのは、メディアの産みだすものが――何が表にあらわれ、何があらわれないか、どのような歪曲が施されるか――買手と売り手、組織、つまり彼ら彼女らを取りかこむ権力システムの利害を反映するだろうということだ。もしそうならなければ、それは奇跡というものだろう。

さてここからが難しい。以上のような予測どおりにメディアが機能しているかどうかを自分で確かめてみたらよろしい。この明瞭な仮説を支持する多くの題材もあるし、それは考えうるかぎりの厳しい検査をへて、いまだに有効だ。社会科学でこれほど結論が強力に支えられる事例はまずないだろう。このことはそれほど驚くべきことではなく、どんな力がメディアに影響しているかを考えれば、この結論が間違っていたとしてそれこそ奇跡に近い。

次に発見すること、それは以上のような話題がまったくタブーだということだ。かりにケネディ・スクール・オブ・ガバメントとかスタンフォードとかに行って、ジャーナリズムやコミュニケーション、政治学などを勉強したとして、こういう批判的問いはまず生まれてこない。つまり支配政権を疑ってみるという、この仮説はだれでも何も知らなくても構築可能なものなのに、それを表明することは許されず、その証拠を議論することもできない。このこともすでに予測した。組織の構造を見れば、当然そうなるはずだ、こいつらは誰だって真実を暴かれたくないから、というわけで。自分がやっていることを批判的に分析されることを彼らが好むはずはない。答えは彼らがそれを許容する理由はどこにもなく、また事実それを許しはしないということになる。ここでもこういったことは意図的な検閲の結果ではなくて、人が組織のなかで枢要な地位を得ていくためには、こうした無批判な姿勢が内面化される必要があるのだ。この過程は右翼だけでなく左翼（というかより正確には左翼と呼ばれている人たち）でも同様に起きる。十分に社会的な訓練を経て、抱いてはならない思想をわきまえていなければ、社会的な地位を築くことはできない。かくして第二の予測がなりたつ、すなわちそれは、最初の予測は議論することが許されない、ということである。

最後に見ておくべきは、こうしたことが起きる教化の枠組みだ。情報システムのなかで上層にいる人々は――メディアや広告業の人、大学で政治学を専攻している人など――お互いの利益のために書いているとき（つまり決まりきった形式の卒業式スピーチを書いているわけではないのだから）、自分たちが起きるべきだと望んでいることを描きだそうとしているのだろうか？　卒業の式辞はお決まりの美辞麗句だが、互いのために彼らが書く場合にはどういうことが言われるのだろう？

ここで注視すべき流れはおもに三つある。ひとつはプロパガンダを商売とするビジネスである広報PR産業で、広告産業界のリーダーたちがどういうことを発言しているかを調べてみること。第二にいわゆる公的な知識人の言動に注意する必要がある。言論を指導し、社説頁の反対面［訳注：「オプ・エド」欄と呼ばれ、当日のもっとも重要な論説記事が載る］に記事を書き、民主主義の本質について本を書くといった人たちで、彼らがいったい何を言っているのかを知ることだ。そして第三に学問的な潮流にも留意すべきで、とくに過去七十年か八十年ほどで政治学の一分野となってきたコミュニケーションと情報を扱う政治的学問分野に注目することが必要である。

さてこれら三つのことに注意して彼らが何を言っているかを調べ、それについて社会の指導層がどういうことを書いているかを見てみる。そうすると彼らはだいたいにおいて（忠実な引用ではなくやや言いかえればだが）一般大衆が「無知で小うるさい邪魔者だ」と言っていることがわかる。やつらはあまりに愚かなので公共の場から締めだしておくことが必要で、やつらが公的なことに口を出すとろくなことにならない。やつらの仕事は「観客」でいることで「参加者」となることではない、というわけだ。

こうした人たちもときどきは選挙に参加させてもいい、われわれ頭のいい人間のなかからひとりを選び出すために。しかしそれが終われば家に帰って何かほかの事をすべきだ、フットボールを見るとか、まあなんでもいい。「無知で小うるさい邪魔者」は観客でなければならず、参加者であってはならない。参加者とはいわゆる「責任ある男たち」のことで、もちろん公的知識人もつねにそのなかに入る。彼らはけっして「どうして自分が責任ある男」であって他の人、監獄にいるだれか、たとえばユージン・デブス〔訳注：一八五五年生まれ、一九二六年没。労働運動の指導者で国際労働組合や世界産業労働者組合の創設者のひとり。アメリカ社会主義者党から大統領選挙の候補にもなった。〕ではないのか、などとは問わないのだ。答えはあまりに明白で、彼らが権力に忠実で服従しており、その他の誰かさんは独立志向だからである。だがこうした問いを彼らはもちろん問うことはなく、頭のいい人間としてショーを仕切り、ほかの人たちはお外へというわけだ。そこで私たちは（学術論文から引用すれば）「大衆が自らの利害の最良の判断者であるという民主主義的思い込み」に屈してはならない、ということになる。そんなことはありえないのだから。やつらは自分にとって何が得かをまったく判断できないのだから、代わりに頭のいいわれわれが利益になるよう取り計らってやろう、というわけなのである。

実際この考え方はレーニン主義にきわめて似通っている。われわれはあなたたちのためにやってあげている、そして我々のやっていることはすべての人の利益にかなう。私の見るところ、これがああも簡単に熱狂的なスターリン主義者からアメリカ合州国の権力の大いなる支持者になってしまうことの歴史的理由ではないかと思う。人はきわめて迅速に立ち位置を変えるが、それはもともとそれが同じポジションだからではないのか。だから人はそれほど変化したわけではなく、どこに権力が存するかの見方を変えただけなのだ。ある時点ではここに、他の時点ではあそこにと評価の仕方を変えているだけで、同じ立場を取っていることに変わりはない。

どのようにしてこのようなことが起きてきたかについては、興味深い歴史がある。第一次世界大戦から多くが変わり、それが大きな転換点となって、世界におけるアメリカ合州国の位置を大きく変えた。一八世紀にすでにアメリカ合州国は世界でもっとも豊かな土地で、当時のアメリカにおける生活の質、健康、寿命に英国の上層階級が追いつくのは二〇世紀初頭になってからであり、まして他の地域となると遠く及ばなかったのである。きわめて裕福な国としてアメリカ合州国は巨大な利点をもち、一九世紀末には世界で並ぶもののない経済力を誇っていた。しかし世界の舞台でアメリカ合州国の存在は大きくなく、その権力は中央アメリカ、カリブ海諸島、太平洋の一部に及んではいたが、それ以上の支配力を持っていたわけではなかった。

こうした関係が変化したのが第一次世界大戦中で、第二次世界大戦中となるとさらに劇的な変化が起こった。第二次世界大戦後、アメリカ合州国はほぼ世界全体を手中におさめるのだが、この変化はすでに第一次世界大戦後に始まっており、そのときアメリカは債務国から債権国へと変わったのである。同時にアメリカは、英国のように巨大とは言えなかったが、初めて世界の舞台で無視できない勢力となる。これが重要な変化のひとつであるが、ほかにも大事なことが起きた。

第一次世界大戦時に史上初めて高度に組織だった国家プロパガンダが登場する。英国には情報省が設置され、ぜひとも必要なアメリカ合州国の参戦をうながすために活動した。英国情報省は「フン族」の暴虐についてのニセ情報をふくめてプロパガンダを大量に垂れながし、アメリカの知識人がだまされやすくプロパガンダを信じる傾向にあるとの根拠ある想定をもとに合州国の知識階層をターゲットにしたのだ。知識人たちはまた自らのシステムを使ってこうしたプロパガンダを流通させたから、アメリカの知識層をターゲットにしたこの活動は見事に効を奏した。英国情報省の書類によれば（その多くがすでに公開されている）、その目的は世界全体の思想をコントロールすることにあるが、それは二次的な目標で、いちばん大事なのはアメリカ合州国の思想であって、たとえばインド人がどう考えようとそれほど重要ではなかった。英国情報省は単純なアメリカの知識人をだましてイギリスの嘘を信じ込ませることに大成功、もちろんそのことをおおいに誇りに思っていた。それが自分たちの命を救ったのだし、アメリカが第一次世界大戦に参戦しなければ戦争に負けていたのだから。

アメリカ合州国にも英国のそれに匹敵するものが存在した。一九一六年大統領に選ばれたウッドロー・ウィルソンは反戦派で、それまでアメリカ合州国は国際問題に関してつねに平和主義を重んじる国家だった。

アメリカの人々は外国の戦争に巻き込まれるのを好まず、第一次世界大戦にも反対で、ウィルソンが選ばれたのも彼の反戦的姿勢のゆえだった。「勝利よりも平和を」がスローガンだったのだが、そのウィルソンは参戦を選択したのである。となると問題は、どうして平和を好む国民がドイツ人を皆殺しにしろと叫ぶほどの熱狂的反ドイツ主義に染まってしまったのか、ということだ。その答えはプロパガンダ。アメリカ合州国で歴史上初めて、そして事実ただひとつの大規模な国家プロパガンダ機関が作られ、その名を公共情報委員会（オーウェルが好きそうな名前だ）、あるいは主幹の名をとってクリール委員会といった。この委員会の仕事は国民をプロパガンダによって排外的な愛国心のヒステリー状態に追い込むことで、それは見事に成功した。数ヵ月で戦争への熱狂状態が現出し、アメリカの参戦が可能となったのである。

これには多くの人が感銘を受け、なかで心を動かされたひとりにヒトラーがいたが、これは将来、大きな影響を及ぼすことになる。『我が闘争』の結論部でヒトラーはドイツが第一次世界大戦に負けたのは、プロパガンダ戦争に負けたからだといみじくも言っている。ドイツのプロパガンダはイギリスやアメリカのそれには全く及ばす完全に負けていた。ヒトラーは次の機会には必ず自らのプロパガンダ・システムを作ることを誓い、それが第二次世界大戦で実行に移されたのである。

しかし私たちにとってより大事なことは、アメリカのビジネス界がクリール委員会のプロパガンダ戦略に大いに感銘したことだ。アメリカ合州国のビジネス界は当時、国がより豊かになり、そして民主主義の形態を整えつつあるという問題に頭を悩ませていた。つまりより多くの人々が選挙権を得て、さらに新しい移民が流入して、これまで以上の人びとが政治に参加できるようになっていたのである。

さてどうするか？　プライヴェートなクラブのように国を運営できないとすると、答えは明白で、人々の思考をコントロールするしかない。以前にも広報の専門家はいたが、広報産業は存在しなかった。ロックフェラーのイメージを良くするとか、そういうことのために雇われた男はいても、こうした巨大規模の広報産業はアメリカの発明で、怪物のような企業が第一次世界大戦から生まれてきたのである。そこで指導的位置を占めたのはクリール委員会に関わっていた人たちで、実際、数年後『プロパガンダ』という本を書いたエドワード・バーネイズのような重要人物はまさにクリール委員会のただなかから産まれてきた。ちなみに当時「プロパガンダ」という用語は否定的なニュアンスを伴っていなかった。この語がタブーとなるのは第二次世界大戦中で、それがドイツとそれが行なった悪行に結び付けられたせいだ。しかし当時プロパガンダという用語は、統制された情報といったほどの意味で、バーネイズが一九二五年に『プロパガンダ』というタイトルの本を書いたとき、最初に彼は第一次世界大戦の教訓を適用すると書いたのである。第一次世界大戦のプロパガンダ・システムと彼が務めた委員会とが、「ちょうど軍隊が兵隊の身体を統率するように公衆の頭を統率すること」が可能であると教えてくれた、と彼は書く。このような頭の統率のための新たな技術が知能ある少数の人々によって使われることによって、愚昧な大衆が正しい道に留まるようにすべきで、いまやこうした新しい技術のおかげでそれが可能になった、と彼は言うのである。

この本は広報産業の指導書となり、バーネイズは一種のＰＲの教祖のような存在となった。彼は生粋のルーズベルト／ケネディ派のリベラルだったが、同時にグアテマラの民主政府を転覆したアメリカ合州国が支援したクーデターの背後にあった広報戦略をも主導した。

しかしバーネイズによる大政変、まさに彼を一九二〇年代後半に有名にしたのは、女性の喫煙習慣を作り出したことだった。当時女性はタバコを吸わなかったが、バーネイズはチェスターフィールド・タバコ会社のために巨大なキャンペーンをうった。おきまりのテクニック、モデルや映画スターが紙巻タバコを吸うといったやつだが、それによってバーネイズは絶賛され、この産業の指導者となって、彼の本もまさにお手本とすべきマニュアルとなったのである。

クリール委員会のもう一人のメンバー、ウォルター・リップマンは、およそ半世紀にわたってアメリカのジャーナリズムでもっとも尊敬された人物となった（ここで言っているジャーナリズムは真面目なそれ、つまり真剣な思考を誘う報道のことだが）。彼はまた民主主義をめぐって、いわゆる進歩的な論文、一九二〇年代の先進的思想を支えていたものを書いていたが、彼もバーネイズ同様、プロパガンダの教訓をあからさまに適用していた。リップマンによれば、民主主義には「合意の捏造」と呼ばれる新たな技があるという。この語をエドワード・ハーマンと私は自分たちの本に使ったが、その出所はリップマンなのだ。合意を捏造することによって、形式上多くの人々が選挙権を持つという事実を克服することができる、と彼は言う。その事実は合意を作りだすことによって無効にすることができ、たとえ形式的な参加ができても人々の選択や態度を自分たちの言った通りにしてしまうことが可能となる。かくして適正に機能する民主主義が作り出されるのであり、それはプロパガンダ産業の教訓を適用した結果なのである。

学問的な社会科学や政治学もおなじ出所を持つ。政治学の分野におけるいわゆるコミュニケーション学を設立したのはハロルド・ラズウェルで、彼の主要業績はプロパガンダの研究にあった。さきほど私が政治学の学術論文から引用した、大衆が自らの利害の最良の判断者であるという民主主義的思い込みに屈してはならない、というのはラズウェルやほかの者がきわめて率直に述べていることだ。戦争時の経験に基づいて政党も同様の教訓を学んだが、とくに英国の保守党がそうだった。最近見れるようになった当時の記録によれば、保守党も英国情報省の成功にかんがみ、国がますます民主的になると、プライヴェートな男性だけのクラブのようには運営できないと認識し始めていた。そこからの結論は、政治が政治的戦争にならなくてはならないということで、第一次世界大戦中に人々の思考をコントロールするのに目覚しい役割をはたしたプロパガンダの方策を適用すべし、ということだったのである。

以上が教育面で、さらにこれが組織の構造面とむすびつく。構造によって物事の進むべき方向にかんする予測が教化され、そうした予測は結果によって確かめられていくのだが、しかしこうした結論はつねに議論されるとは限らない。こうしたことはすべて文書となってはいるが、それを読むのは権力構造の内部にいる者たちだけだ。大学に行っても人々の頭をどうコントロールするかについての古典的書物を勉強するわけではないのだから。

同様に大学では、ジェームズ・マディソンが一七八七年の憲法制定会議で言ったことも学びはしないだろう。マディソンは新しいシステムの目標が「富裕な少数派を多数派から守ること」でなければならないと述べ、憲法はまさにその目的を達成すべく作られなければならなかったのだ。ここにこそ立憲制の根源があったのに誰もそれを学ぼうとしない。学者の研究のなかにそれを見つけ出そうとしてもよほど一生懸命探そうとしないかぎり見つからないのが現状だ。

これが私の見るところ、メディアのシステムがどのように出来ており、それを支えている教理のありようと、メディアの表出の仕方に関する概観である。私が言ってきたのは傾向、つまり支配的な潮流で、もちろん例外はあり、しばしばそれこそが重要だ。

「無知で小うるさい邪魔者」に向けられたメディアとしては別のものがあり、それは気晴らしをおもに使う。それだけ言えば、大体どんなことがそこから産まれてくるのかは予測がつくことだろう。

2 「中東は嘘をつく」

「中東は嘘をつく」というタイトルで「ニューヨーク・タイムズ」の前編集主幹でいまも定期的に記事を寄せているあるA・M・ローゼンタールが、次のように不平をもらしている。「世界は中東の現実をもはや見ようとせず」、その結果イスラエルにPLOと交渉するよう圧力をかけている。[1] このような「失態」は「ヨルダンというすでに存在するパレスチナ国家」に加えて「もうひとつ別のパレスチナ国家」を作り出し、その結果、戦争が確実に引き起こされるだろう。問題は「世界」が「根本的な歴史的歪曲」にとらえられ、「イスラエルが平和交渉を拒否しているという嘘」を信じていることである。「真実」はイスラエルが四十年間、平和的解決をめざして隣国と交渉の努力をしてきたのにもかかわらず、アラブ側がいつも「拒絶と戦争」で答えてきたということだ。唯一の例外はエジプト大統領サダトが一九七七年に行なったエルサレム訪問とそれに続くキャンプ・デーヴィッド条約で、「平和への道はイスラエルとアラブの隣国との直接の話し合いによる」というわけだ。こうした物言いで決定的に排除されているのが、パレスチナ人であることは明らかだろう。

ローゼンタールのこのおとぎ話も、イスラエルやアメリカ合州国が作り出してきた「真実」には違いない。それを「ニューヨーク・タイムズ」は長年にわたってローゼンタールの指導のもと忠実にくりかえしてきたのだ。しかし本当の真実はこれとは異なる。

まず一九六七年六月のイスラエルによる征服以来、何が起きたのかを考えてみよう。「実利的」で「穏健派」の労働党政権が最初の十年間何をしてきたかは、ヨシ・ベイリンという労働党の役員が残した閣議報告に記されている。(2) 当時の指導的方針は、現在のイスラエル大統領ハイム・ヘルツォグによるまとめによれば、次のようなものだった。先住の人々は「いかなる意味においても、我が民族にとって何千年も約束されてきた土地における参加者ではありえない。この地のユダヤ人にとって、共存すべき隣人など存在しないのだ」。したがって独立した政治活動は禁じられることになり、その例として一九七二年にゴルダ・メイヤー首相はヨルダン川西岸地区でヨルダンを支持する政治集会の開催を中止させたのだった。現在の支配勢力であるリクード中心の連立政権はもっと極端で、その中心であるメナハム・ベギンとイツァーク・シャミールが率いるヘルートは公式方針として、イスラエルのヨルダンに対する領有権の放棄を拒絶すると公言している。

一九六七年六月一九日、イスラエル政府は一一対一〇で、アメリカ合州国が仲介したシリアとエジプトに対する（一九六七年六月以前の）国境線に関する申し入れを可決したが、イスラエルがガザ地区を保持し、ヨルダンと西岸地区については何の言及もなされなかった。この提案はアバ・エバンによれば、「イスラエル政府が後にも先にもないイニシアティヴを発揮した劇的なもの」だったが、一年後には取り下げられ、代わってアロン・プランと呼ばれた表面を取りつくろった「領土的妥協」が提出される。このプランによれば、イスラエルがシリアのゴラン高原、ガザ回廊、シナイ半島東部を保持、それに西岸地区については四〇パーセントの土地を含めたイスラエルが重要な部分と考えるすべてを取るけれども、イスラエルが責任をもてない居住者の大半は面倒を見ない、というものだった。これらの人々は無国籍者となるか、ヨルダンの支配下に入るとされた。これが本質的に労働党の変わらないスタンスであり、そこに情況の変化によってさまざまな戦術的変更を付け加えてきたに過ぎないのである。

これ以降、イスラエルによるイニシアティヴはいっさい存在せず、イスラエルは他の提案をことごとく拒絶している。唯一の例外はキャンプ・デーヴィッドの取り決めで、ベギンのリクード連立政権が、エジプト領内のシナイ半島に自らが作った居住地からの撤退に反対した労働党の異議を押し切って受けいれたものだ。こうした特徴にもかかわらず、キャンプ・デーヴィッドの解決策は、エジプトという強大なアラブの反対勢力をイスラエルとの抗争から排除したという点で、イスラエルのタカ派に有利と考えられていた。それは予期された結果をもたらし、イスラエルに自国の北側にある国への侵略と占領地区の強化を許すことになったのである。イスラエルの戦略を分析するアヴナー・ヤニフが回顧して述べるように、キャンプ・デーヴィッドの結果、「イスラエルはレバノンのＰＬＯに対する軍事攻撃を維持するだけでなく、西岸地区における居住地建設をも進める自由を得た」(3)。一九七八年から膨大に増加したアメリカ合州国の支援がローゼンタール言うところの「キャンプ・デーヴィッドの政治的・精神的勝利」の確実な成果としてもたらされたのである。

アラブ側がやってきたことに目を転じれば、最初の重要なアラブ側からの平和への呼びかけは、ローゼンタールが述べるお決まりの作り話とは異なり、一九七七年のサダトによるイスラエル訪問よりずっと以前に行なわれている。一九七一年二月、サダト大統領が国連特使グンナー・ヤーリングによる国境線に関する包括的な平和条約への提案を受けいれたのがそれだが、これもパレスチナ人には何も与えない内容になっていた。この提案はアメリカ合州国の公式的立場をなぞるもので、イスラエルも平和解決への申し出として認識しはしたが、結局拒否した。アメリカ合州国という後ろ盾を持つイスラエルにとっては「膠着状態」のほうが良かったわけで、そのことを後になってヘンリー・キッシンジャーも述べている。当時キッシンジャーは、憎むべきライヴァルであった国務長官ウィリアム・ロジャーズから中東政策の支配権を奪うために、外交的解決をなんとか先延ばしにしようとしていたのである。

もうひとつアラブ側のイニシアティヴの例をあげれば、一九七六年一月にシリア、ヨルダン、エジプトが国境線にかんする二国間解決を提唱した国連安保理決議を後押ししたことがある。この提案は、「適切な措置によって……同地域のあらゆる国家の主権と領土と政治的独立を保障し、安全に認知された境界内で平和に生活する諸国民の権利」を認めようとしたものだった。以上が国連決議二四二のもっとも重要な文言で、それをアメリカ合州国政府も「ニューヨーク・タイムズ」もあらゆる解決の基本と見なしてはいるが、(イスラエルとともに)彼らはこの決議を解釈するにあたって、アメリカ合州国自身も一九七一年以前には認めていた国際的合意から大事な点で遊離することを主張し続けている。この国連安保理決議はＰＬＯによっても公に支持されたが、当時のイスラエル国連大使ハイム・ヘルツォグによればPLO自身が「準備した」ものだという。

イスラエルは国連での協議に参加することを拒否し、労働党政府は政治問題に関してはパレスチナ人とは交渉しないし、いかなる情況でもPLOとは交渉を拒否すると言明した。国連決議に対する報復措置ででもあるかのように、イスラエルの爆撃機がパレスチナ難民キャンプと近くの村々を砲撃し、防禦攻撃の名の下に多くの人々を殺害したが、それについてはここでのコメントは必要ないだろう。この国連決議に対してアメリカ合州国は拒否権を発動、一九八〇年にも同様のことが行なわれ、国連の役割はほぼ無効化されてしまった。

ほかにも多くの例があり、たとえば一九八〇年代中葉のヤサ・アラファトによるイスラエルに相互承認を申し出た交渉などがあげられるが、これらすべてが公式の歴史からは削除され、サダトの一九七七年の動きだけが伝えられてきたのだ。サダトの申し出はイスラエルにとっては一九七一年のものより受けいれがたかったのだが、アメリカ合州国とイスラエル双方が応答した。その理由は一九七三年一〇月戦争でアラブが予期せぬ勝利をおさめたので、エジプトを無視することがもはやできなくなり、後退したポジションを取るほかなくなった、と（キッシンジャーでさえも）認識せざるを得なくなったからだ。これによってエジプトを紛争当事国から取りのぞくというキッシンジャーの政策が実現され、それがキャンプ・デーヴィッドで実って、すでに述べたような結果を生んできたのである。

「ニューヨーク・タイムズ」の歴史は、こうした公式ラインにずっと沿い続けている。ニュース報道でも論説記事でも、アメリカとイスラエルの要求に沿った解決をもたらしたワシントン公認の「歴史」に入れてもいい一九七七年のサダト訪問以外は、アラブ側の重要なイニシアティヴはすべて忘却の穴へと入れられてきたのだ。「和平プロセス」とはすべてアメリカの提案にそったもののことで、つまりは二十年間平和交渉を妨げてきた過程のことにほかならない。「ニューヨーク・タイムズ」はアラファトの申し出をつねに無視して報道してこなかったし、それに言及する書簡さえも載せてこなかった。エルサレム特派員トマス・フリードマンの記事などは、こうした権力に奉仕してきた積年の記録としてとくに覚えておくべきものだろう。(4)

さらに年月をさかのぼって一九四八年から一九六七年に目を転じれば、真実はローゼンタールの言う「真実」なるものよりもずっと複雑であることがわかるだろう。シリア、ヨルダン、エジプトのイニシアティヴが無視されただけでなく、イスラエルの度重なる攻撃が平和への道を妨げてきたこともローゼンタールの「真実」には含まれない。ひとつだけ例をあげれば、CIAが支援したと言われる一九四九年のクーデターの後、シリアの指導者フスニ・ザイムが「イスラエルと共存することに力をつくし」、「シリアにパレスチナ難民全体の半分にあたる三十万の難民を受け入れよう」とさえしたことがあるが、イスラエル首相デヴィッド・ベン＝グリオンはザイムに会おうとさえせず、その申し出には何の注意も向けられなかった。(5)

つまりはローゼンタールの「真実」なるものは「ニューヨーク・タイムズ」に忠実なだけで、本当の真実とは似ても似つかない代物なのだ。

ローゼンタールの言う「現存するパレスチナ国家」についていえば、ヨルダンがイスラエルのふたつの政治集団の動きにしたがっていることは事実である。ローゼンタールにとってはそれで十分なのだが、ヨルダンもパレスチナ人もこうした説明を真っ向から拒否している。ローゼンタールの好む者たちの利益がおびやかされそうなときに、一介のアラブ人が自分の故郷について意見を表明する権利などいったいどこにあるというのか？　ユダヤ人には「第二の故郷」など必要ない、彼らにはすでにユダヤの人口、ユダヤのメディア、ユダヤの市長、ユダヤ人が文化も経済も支配するニューヨークがあるのだから、というあるアラブ人の主張に「ニューヨーク・タイムズ」ならどう反応するか聞いてみたい。この問いを考えることから、私たちは歴史を記録するというこの大新聞について、そしてこのメディアをまったく疑いもせずに受けいれている知的文化について多くのことを学ぶことができるだろう。

『LOOT』第一巻一号、一九九〇年一月

3　防御的攻撃

　ある国家が他国に攻撃を仕掛けるときには、そのプロパガンダ・システムが国の行動を正当化し、本当の理由を隠すことで受けいれられやすい状況を作りだす責任を担う。このシナリオに完璧に沿っていた出来事が、一二月のアメリカ合州国によるパナマ侵攻だった。

　この侵略にはいくつかの新しい責務があった。かつてなら国家暴力はソ連の脅威ということでいつも正当化できたものだが、それを持ち出すわけにはもういかなくなった。何か新たなものが必要なときに幸い二ヵ月ほど前、ラテン・アメリカの覚せい剤取引（「麻薬戦争」）をめぐるヒステリーがタイミングよく作り出されて基礎がすえられる。メディアが正しく伝えたとおり、アメリカはノリエガが嫌いだ、よって彼を追い出せ。なにゆえアメリカは一九八五年ではなく一九八九年にノリエガのことが嫌いになったのか？　なぜそのときでなく、いま彼の政権を転覆する必要が生じたのか？　これらは誰でも思いつきそうな基本的問いだが、組織的に排除されることで国家の方針が精査を免れることになるのだ。

ノリエガは自ら志願してなった有益な味方だったけれども、一九八五年までにはアメリカ合州国による彼の役割の再検討が進められ、それから二年もたたないうちに彼を取り除くことが決定された。ある会計検査院の役人の議会証言によれば、経済制裁によって貧困層や黒人たちのノリエガに対する信頼を揺るがしながらも、それがアメリカのビジネスに影響しすぎないようにすることが決められたということだ[1]。政府の政策が変わればメディアも変わる、この古典的パターンにしたがってノリエガを悪魔化し、あやしげな「麻薬戦争」なるものをめぐる人々の熱狂をかきたてて侵略の基盤が準備されたのである。

一九八五年以降のメディアキャンペーンではノリエガが悪魔祓いの対象とされたが、それはちょうど、かつて一九八一年にレーガン政権がリビアのカダフィを便利な叩かれ役にしたてて、国民のあいだに恐怖と排外的雰囲気を盛り上げたことの繰りかえしだった。ノリエガの無法と腐敗が彼の失脚の最大の理由、あるいはその一要素なのだろうか？　この答えは簡単だ。ノリエガはアメリカ合州国の同盟者だったときから悪辣な指導者でそのまま変わらなかったのだが、アメリカ政府（とメディア）が態度を変えて彼を憎みだしたのだ。さらにノリエガの凶悪さはアメリカ合州国が喜んで支援していた他の人たちの犯罪性にはとうてい及ばない程度のもので、一九八八年の「パナマの人権」に関するアメリカス・ウォッチ・レポートには国家犯罪が詳細に記されているが、この地域、あるいは他地域のアメリカの同盟国のそれとは比較にならない。自国中心的なメディアの報道からはこうした大事な事実もほとんど知ることができないのである。

ノリエガ失脚の本当の理由を見出すのはそれほど難しくない。一九八五年におけるノリエガの汚点のひとつに、彼が中央アメリカのコンタドーラ和平プロセスを支援したということがある。アメリカ合州国のニカラグアに対する戦争におけるノリエガの役割にも疑義が呈せられ、イラン・コントラ事件が明るみに出ると、彼の有用さが尽きたことは明らかだった。より大きな問題はそのナショナリズムに訴える人気取りの手法で、それは伝統的な独裁制が廃絶されたトリホス時代から続いてきたものだった。しかしロンドンの雑誌『エコノミスト』によればもうひとつ別の問題があって、一九九〇年の元旦に「アメリカ合州国はパナマ運河とその周辺の軍事基地に関する支配権をパナマ側が優勢となるように委譲せねばならず」、数年後には他のものも同様の運命をたどることになっており、たとえば主要な原油パイプラインがパナマの六〇パーセント所有になる予定だった。明らかに、昔からのもっと頼りになるアメリカのお客さんが権力を回復する必要があり、そのための時間はあまり無かったのだ。(2)

ブッシュ政権はご丁寧にもノリエガの犯罪が侵略の理由ではないと一生懸命強調していた。軍隊がパナマに降りたつと同時に、ホワイトハウスは中国への新しいハイテク技術の売却を発表、アメリカ企業にとって三億ドルのビジネスがかかっており、この契約は天安門での虐殺から数週間後にひそかに再開されたと告げたのだった。さらにアメリカ政府は中国の政権におもねってアメリカの大学から招聘されたふたりの中国人学者の入国を拒否した。さらに中国への援助金付きの農業輸出とイラクへの金融貸出し禁止令を取り下げる計画も発表した。北京やバクダッドのブッシュの友人たちに比べれば、ノリエガなどきわめて可愛いものだったのである。(3)

なかにはワシントンが「中国の独裁者たちの手にキスをする」一方でノリエガをやっつけるという方策に「政治的・倫理的一貫性の欠如」を見る向きもあった（A・M・ローゼンタール）[4]。こうした見かけの一貫性の無さはしかし、イデオロギー的な制約が脇に置かれればすぐに見えなくなるもので、あらゆる場合においてアメリカ合州国の権力と特権階級の必要は満たされねばならない。メディアはこうしたとくに巧妙とは言えない点も、さらには多くの事実さえも（なかでも悪名高いのがサダム・フセインとの友好だろう）みごとに見過ごしてしまったのである。

パナマ侵略のもうひとつの口実として使われたのが我らが民主主義への責任なるもので、ノリエガが一九八九年の大統領選挙でアメリカの支援で勝ったギレルモ・エンダラから勝利を掠めとったことを我々としてはとても黙ってみているわけにはいかず、けっきょく侵略によってエンダラが権力にすえられたのだ。この民主主義的信念をテストするにはわかりやすい方法がある。ノリエガがまだ我らの子飼いの悪党だった一九八四年のひとつ前の選挙では何が起きたか？　答えはノリエガが一九八九年のときよりも凄まじい暴力を使って選挙結果をくつがえし、アルヌルフォ・アリアスの勝利を無効にして、いまだにパナマでは「インチキ野郎」と呼ばれているニコラス・アルディト・バーレッタを大統領にしたということだ。ワシントンは独立系のナショナリストであったアリアスが気に食わず、バーレッタの方を優遇、アメリカ大使エヴェリット・ブリッグスによれば、全国民主主義基金からアメリカ政府の支援金が出ていたという。この奸計を正当化するために国務長官ジョージ・シュルツが送りこまれ大統領就任式で「パナマ風の民主主義」が讃美されたが、メディアは注意深く目をそらしていたというわけだ。

一九八九年に我らのお気に入りであったギレルモ・エンダラはアリアスの側近で、アリアスが一九八八年に自ら選んだ亡命先で死ぬまで、パナマにおける彼のスポークスマンをしていた。「ワシントン・ポスト」の報道では、エンダラが一九八九年の選挙に出るよう選ばれたのは、「彼が伝説的なパナマの政治家、故アルヌルフォ・アリアスと近しい関係にあったことが大きい。アリアスは一九四〇年代以来、三度軍部によって大統領の座を追われた」となる。アリアスの運命の叙述は正確だが少しばかり取りあげる事実が選択的だ。一九八九年の侵略時にエンダラが「一九八四年の詐欺」を非難したときもメディアは巧妙に目をそらし、我々の大好きな「民主主義への渇望」なるものがどうしてノリエガがワシントンの得ではなく邪魔になると不思議にも目を覚ますのか、などと問うことはないのである(5)。

もうひとつの口実、それはノリエガが麻薬密売人だったことだが、そのことは彼がCIAに雇われていたときから知られていた事実である。さらに彼だけでなく、ノリエガが一九八四年の選挙を不正に勝ちとりワシントンから拍手で迎えられた少し後で、マイアミのアメリカ検察局が麻薬の取引金をあつかうパナマの銀行をいくつか特定した。その一年前にも上院での銀行取引に関する報告が、パナマを犯罪資金の主要中継地で麻薬の運送と資金洗浄のカギとなる場所と述べていたのだが、アメリカ合州国の侵略がこれらの銀行をふたたびパナマにおける権力の中枢にすえてしまったのだ。これらは当然といえば当然のことで、一九八〇年代の麻薬皇帝ともいうべきジョージ・ブッシュは、麻薬がらみの金を洗浄する銀行を取りしまる小規模の連邦プログラムを廃止しただけでなく、現在の「麻薬戦争」からはこのパナマがらみの中心的貿易リンクは除外されている。覚せい剤を売るゲットーの少年

は私たちの怒りを引きおこしても、きれいなオフィスにいる紳士たちにその怒りが向けられることはないのである。(6)

侵略のもっとも身近な口実は、「アメリカ人の生命を守る」ということだった。ノリエガの軍隊によってここ数ヵ月「文字どおり何百というアメリカ人が嫌がらせや迫害を受けてきた」とホワイトハウスのスポークスマン、マーリン・フィッツウォーターは言ったが、おかしなことに侵攻の当日までアメリカ国民に避難勧告は出なかった。ひとりのアメリカ軍人が議論の余地のある状況で殺されたが、一気に世論を動かしたのは捕らえられ殴打された将校の妻が置かれていたという危険だろう。「ニューヨーク・タイムズ」は言う、ブッシュはこの事件について語りながら「しばしば感情的に困難な状況に直面しながらも」、「その真率な気持ちはこちらにも伝わってきて」、イラン・コントラ事件のオリヴァー・ノースのような見事さで、「この大統領」はアメリカの女性が脅威にさらされているときに黙って見ていることなどありえない、と宣ったのである。(7)

しかし同新聞はなにゆえ「この大統領」が、数週間前アメリカの尼僧ダイアナ・オルティズがグアテマラ警察に誘拐され、拷問され性的暴行を受けても一言の抗議も発しなかったのかについては説明しようとしないし、一一月六日にこの事件が電信で伝えられても報道する価値がないとされたのかも答えない。あるいはまたこのブッシュの「真率な気持ち」なるものと比べて、数週間前にエル・サルヴァドルでアメリカの女性たちと他国の宗教・人権活動家たちが受けたあつかいに対して「この大統領」がどう反応したのかを伝えることもない。国務長官ジェームズ・ベーカーはこの野蛮な政府の行ないを称賛して、一一月二九日の記者会見で、それが「まったく適切だ」と言ったのだが、このコメントはおそらくイエズス会の知識人たちが殺された後ではあまり有益でないと判断されたためかほとんど報道されなかった[8]。

政府とメディアの教えるところ、ノリエガをほかの方法で追い出すことに失敗したのでブッシュは侵略以外「ほとんど選択肢がなかった」（R・W・アップル）。「ブッシュ氏は侵略以外の選択肢を考えつかなかったのかもしれないが」、とトム・ウィッカーは言うが彼はハト派なので、ブッシュの理由付けは「完璧とはいえない」とも付け加える[9]。こうした意見を支えているのは、アメリカ合州国が自らの目的を達成する権利をすべからく保持しており、手段はどうであろうと平和的方策がうまくいかなければ暴力も正当化されるということだ。この原則の適用範囲は広い。パンナム機を破壊したテロリストに対してはすぐに喚起されて、その一周年の日にも非難が集中するが、それと同じ日のパナマ侵略は容認される。テロリストたちだって平和的手段が尽きたからと言うかもしれないのに、この教理の重要な点は暴力行為に訴える権利がアメリカ合州国だけに許されているということなのである。

この教えはパナマの場合のようにひそかに喚起されることはあっても、あからさまに主張されることはない。あからさまだとあまりの多くのことが明らかになってしまうからだ。

この根本的教義の本質をさらに明らかにするのが、その国際法への態度である。侵略が国際法違反であることはときに留意されたとしても斥けられる、「法は曖昧で」あるか[10]（ナンセンスだ）あるいは単に関係がない（これは正しい。一番強い者はルールにしたがう必要はないのだから）という理由で。ちょうど十年前、ヴェトナムの村が野蛮な攻撃を受けて何千という犠牲者が出た後、ヴェトナムがカンボジアに侵攻してポル・ポト政権を転覆した。どんな理由ないしは倫理的判断によっても、この侵略のほうがワシントンによるパナマ侵略の口実よりも信憑性がある。しかしヴェトナムの場合には法は曖昧でも関係がないわけでもないとされ、ヴェトナムによる国際法違反は我らが繊細な感情をいたく傷つけて、「東南アジアのプロイセン」と呼ばれた（「ニューヨーク・タイムズ」）。その結果、我々はヴェトナムに対する経済制裁とクメール・ルージュへの支援によってヴェトナムを罰し、カンボジアの人々をさらに苦しめることになったのである。

アメリカだけが法を無視した暴力の権利があるという教義によってこうした全く異なる反応のわけが説明できるわけだが、そんな明白な質問も問われることがなく、そこから生まれるはずの知見も抑圧されたままだ。

しかし一歩外に出ればヴェールははがされ基礎的な真実が明らかにされている。イスラエルの指導的軍事評論家であるゼーヴ・シフによれば、パナマへのアメリカ侵略には何も特別なものはなく、「アメリカの軍隊が無実のパナマ市民を殺すという軍事的観点からも……大国が小さな隣国に軍事力を用いるという政治的観点からもそれは当然のことだ。ワシントンは他の国が用いれば即座に斥けるだろう口実を自国のためには使っているのだから。」リビアに対する爆撃や他の軍事作戦と同様、この侵略は「ソ連を含めた他の大国ならたとえどんな正当な理由があっても自らに許すことのないことをアメリカ合州国が自分にだけは許しているということである(11)」。

パナマ侵略は単なる例に過ぎないが、「この国の民主的システムの中核的要素である新聞がいかに強力に物事の本質を突いているか」を示すには十分な用例だろう。この言葉を書いたサンフォード・アンガーは新聞記者として自らの職業の偉大さにあきらかに打たれているようなのだが(12)。

『LOOT』第一巻二号、一九九〇年二月

4　日曜版──休ませてくれない一日

一九九〇年二月一一日
『LOOT』誌御中

どうやら私の健康状態も元に戻りつつあるようだ、いつもどおり「ニューヨーク・タイムズ」が私の怒りをかきたててくれる、ということは。（夏のあいだ床に臥せっていたときには、何を読んでも笑うだけだったから。）たとえば今日の紙面。『LOOT』の興味を引きそうな三つの記事を送るけれども、どれもあからさまな嘘というより、臆病と不正直のあらわれだ。

最初は東ティモールに関する記事で「東ティモール司教、拷問を語る」というタイトルがついている。いつものことでアメリカ合州国政府とその御用新聞が果たしてきた役割については注意深く削除がなされているが、どちらもこの記事の筆者が婉曲に「強いられた併合」と呼んでいることに深く関与していることは周知の事実だろう。この「併合」なるものがいったいどのような性質のものだったかについて、この記事は一言たりとも述べることはない。それとは対照的にたとえばクメール・ルージュの記事が出るときには、いつもなんらかの記述が追加されることで（「何百万ものカンボジア人を殺したKR」といった)、悪辣な共産主義者についての記事だと読者がわかるようになっているのだ。
スティーヴン・エルランガーの「東南アジアがいまや主要源、アメリカ合州国のヘロイン」という記事でも、いくつかの興味深い省略が行なわれている。まずエルランガーは、過去二十五年間アメリカ合州国が東南アジアからの麻薬流入と闘ってきたと述べているが、彼はひとつの事実を省いており、それはCIAが当時まだそれほど大きくなかった麻薬密売(それ自体がビルマのアメリカに支援された国民党のギャング団の手中にあったものだが)に組織的に介入して規模を増大させることで問題が生じたということだ。かくしてラオスにおける「隠密戦争」の一部としてこの怪物を育てあげてしまった結果、アメリカはこの動物を手なずけるのに苦労してきたのだが、これらのことがこの記事ではひとことも触れられていない。(同様にこれと関係してまったく無視されている事実として、最近アフガニスタンが主要な麻薬供給源として注目されているが、それにも似たような原因があり、こうしたことはすべて第二次世界大戦以降のアメリカ合州国による隠密作戦と麻薬との結びつきのせいであって偶然の出来事ではない。[1])
二番目の興味深い省略はタイをめぐって行なわれている。エルランガーはアメリカ合州国の外交官たちによるタイ政府への圧力、すなわちアメリカへのヘロイン輸出をタイ政府が禁止していないという過ちを正す努力について言及しているが、外交官たちはもちろん、積極的に麻薬輸出を奨励しアメリカの消費者にそれをなんとかして服用させようとしているとか、アメリカへの麻薬流入を止めないようワシントンを脅しているとか、莫大な費用を使って麻薬使用をすすめ市場を開発するための宣伝工作を行なっている(とくに女性や若者向けに)とか、こうした行ないのかどでタイを非難しているわけではない。しかしながらまさにこうした行ないこそ、アメリカ合州国がタイ国内でとても儲かる致死性の麻薬、つまりタバコというヘロインよりもはるかに多くの人々を殺しているもの——その数はあらゆる薬で死ぬ人々の数よりも多い——を製造してやっていることなのだ。一九八九年九月の「麻薬戦争」をめぐる政府とメディアによる大騒ぎのただなか、アメリカ合州国の貿易相がタバコの輸入と広告を制限しようとするタイに貿易制裁を課すようにとのタバコ会社の要求を検討した。（アメリカ合州国はすでに日本と韓国に対して同様の措置によってこの致死性の薬を輸入するよう強制していた。）アメリカの医務総監クープなどがこれをアヘン戦争の再来と証言し、それを理不尽なスキャンダルと呼んだにもかかわらず、新聞は沈黙を守った。「ニューヨーク・タイムズ」はこうした過去の出来事にもまったく煩わされておらず、今日の新聞にその発言を引用されている外交官たちもそんなことはまったく記憶にないらしい。

もうひとつの例がニカラグアの選挙に関するマーク・アーリグの記事だ。「サンディニスタ信者用、どんな気分にも合う一品」というタイトルがついている。アーリグが悪名高きサンディニスタをこのように嘲っているのは、彼らが選挙民の歓心をひくためにTシャツを配っているからだ。こうした行ないこそ、彼らが狂信的独裁主義者である証拠というわけである。もちろんこんな馬鹿げたことは文明国では起こりえない、ましてや世界一の民主主義国であるアメリカでは。嘆かわしいことに、これが現今の報道の標準形なのだ。

この記事の載っているのが二八頁。三〇頁にはリンドン・ジョンソンがテキサスの上院議員選挙をいかにごまかして勝ち、その後大統領になる貴重な布石となったかについての記事が載っている。『ニューヨーカー』が最近ジョンソンの初期経歴について連載していたが、それに比べればサンディニスタはジェファーソン流理想主義者に見える。ジョンソンの場合にかぎらず、幸福な時代の幕開けなるものが疑わしいことは色々な場合について言えることだろう。この国で私たちは幸い、認識に関する不均衡に気づかないよう慣らされているので、ジョンソンは許せてもサンディニスタは許せないのだ。二八頁と三〇頁の記事を比較するような輩がいたらの話だが、その人の反応はジョンソンのインチキは大昔の話、つまりまだアメリカ独立から百七十年しかたっていないときの話だから、それをいま持ちだすなんて公平じゃないと言いだすに決まっている。ジョンソン時代にはまだ我々アメリカ国民は若気の至りだった、というわけだ。

非難ばかりで申し訳ない。仕事にかかる前にこの怒りを解消しなくてはと思った次第。

不一
ノーム

『LOOT』第一巻三号、一九九〇年三月

5　民主主義という文化について

一九九〇年三月一八日
『LOOT』御中

今日はニカラグアでの選挙に関するメディアの報道について考えてみたい。そこから、この国で支配的な政治をめぐる文化状況について多くの省察が得られるだろう。

いちばん特徴的なことは全員一致への要求の強さだ。「ニューヨーク・タイムズ」の見出しに「歓喜で一致するアメリカ、政策では分裂も」（エレーヌ・シオリーノ）とある。[1]「政策の分裂」が生じるのは、誰が歓喜にみちた結末で得をするかによるのだ。「歓喜で一致」といった表現には前例があって、たとえば北朝鮮やアルバニアの政権によるプロパガンダにもそれを見出すことができるだろう。皆が喜んでいるかどうかは少なくともニカラグアの人々にとって明らかに議論の余地がある。しかし「ニューヨーク・タイムズ」を読むようなアメリカのエリート層にとってはそうではなく、彼らは自分たちを全員一致が大好きな全体主義者と見なして恥じないのだ。

シオリーノの記事のはじめの三分の二は、歓喜で一致するアメリカのコントラ支持者たちの反応を取り上げている。エリオット・エイブラムズ、ジーン・カークパトリック、フレッド・イクレ、オリヴァー・ノース、ロバート・ライケン、ロナルド・レーガンといった顔ぶれだ。そこからこの記事は「もう一方の側にいてカーター大統領によってニカラグア大使に任命されたローレンス・ペズーロもこの選挙結果を『すばらしい』と形容した」と述べる。幸いなことにここでも均衡の取れた報道の伝統は健在だ、考えうるかぎりの幅広い層からの意見が十二分にとりあげられているというわけなのだから。

ペズーロが「もう一方の側」でどういう仕事をしてきたのかをこの記事は詳らかにしないので、いったい彼が「最初の側」とバランスを取るために選ばれた極左の人間としてどのようなキャリアを築いてきたのかをおさらいしてみよう。カーターによるソモザへの支持がどうにも維持できそうになくなったときに大使となったペズーロは、アメリカが支援する国家防衛軍によって何万という人々が殺されるなか民間人居住地域の爆撃を唱導する役目を果たし、ソモザが見捨てられてからもこうした軍隊による支配が継続するよう努力を惜しまなかった人間である。これもうまく立ち行かなくなると今度は退却に関与、防衛軍の将軍たちを赤十字のマークのついた飛行機で国外脱出させ（これは立派な戦争犯罪だ、そのことを気に留める人があればの話だが）、CIAによる破壊工作の手引き、さらには「支援」プログラムによって外国資本の銀行に儲けさせ、サンディニスタ連合政権への対抗勢力を強化することにも手を染めた。このような支援計画をアメリカ合州国のメディアは、サンディニスタの化けの皮がはがれるまでは合州国政権が寛容な意図をもって接していることの証拠として描き出すのが常なのだが。

何人か似たような「もう一方の側」の代表者を紹介した後、シオリーノの報告は次のような感想で終わる。コントラ支援に反対する者のなかには「選挙結果にかならずしも満足」しておらず、北半球政治事象委員会のローレンス・バーンズのように「サンディニスタの側に立っているように見え」「隣の暴君が小さな男の子をつぶしたことに対する怒り」を表明する人もいる、と。

そこでどうやら「二つの側」が存在し、アメリカ合州国の顧客の利益のためにどうやってサンディニスタを排除するかの方法は異なっても「歓喜で一致」しており、ひとりだけ「サンディニスタの側に立っているように見える」人がいるが、それもそのように見えるだけで実際にはそれほど他の人と違っているわけではない、ということになるらしい。

ちなみにシオリーノは「サンディニスタの支持者たちが悲しみを表明した」と記す。アメリカ人たちは「歓喜で一致」しているのだから、単純な論理でこれら悲しんでいるおかしな輩はアメリカ人ではないということになる、いや人でさえないのかも。「ニューヨーク・タイムズ」のほかの報道から察するにどうやら後者の解釈が正しそうだ。よってクライド・ファーンスワースによれば、「経済制裁を修正するよう主張する者はまったくいない」ということだが、実際は多くの毛なし二足動物がこうした不法な人殺しの手段を停止するよう訴えつづけているのである。このような逸脱のおかげで明らかに彼らは人間の仲間には入れてもらえないようなのだが。(2)

他の文献によってもさまざまに指摘されているように、このような全員一致の態度がこの国の「自由な新聞」の特徴であり、そこではニカラグアをどのようにしてエル・サルバドルやグアテマラのような「中央アメリカ様式」に戻すかの方法についての違いだけを戦術的に許容しながら、リベラルな新聞は自分たちの仕事を遂行していくのである。ときにこのシステムに雑音が生じることはあるが、選挙報道の場合にはまずそういうことも起こらない。

選挙前の報道は圧倒的に反サンディニスタだった。国民野党連合UNOはワシントンによって作り出され、大企業の利益を代弁しているという理由で「民主的対抗勢力」とされ、それ以外の民主的要件は必要とされないのか、報道されることもなかった。サンディニスタに関するコメントや報道は厳しく嘲りの調子を孕んでいた。「極リベラル」と言われる「ボストン・グローブ」が、ダニエル・オルテガによる社説対面記事を載せることで、そうした風潮から一線を引いているように見えたが、その記事にはブランド物の眼鏡をかけてソ連将校の制服を着たいやな感じの悪漢の風刺画も添えてあって、記事の読者が判断を誤らないような工夫もしてあった。(3) サンディニスタ民族解放戦線が選挙で勝利することがニカラグアにとっては好ましいのではないか、と示唆するようなことは一言もいまだにアメリカのメディアからは聞こえてこない。心のなかではそのように思っているジャーナリストや論説記事の書き手もおおやけにはそれを言おうとしないが、それは恐怖からではなくてそんな考えが読者に通じないと著者たちが思いこんでいるせいだろうと私は思う。こういったことは「アメリカ合州国はテロリスト国家としても一流だ」とか「ワシントンが平和交渉を妨げている」といったドグマから離脱する言明と同様(このような当たり前の事実でさえも)、人々が認識できる意味のある意見とは見なされないのだ。自由な社会においてはすべての人が命令によって動くか、さもなければ沈黙していなければならない。それを守らない人もいたには違いないが、こうした一般の風潮は数ある独裁者たちをも感心させるはずである。

テレビでもピーター・ジェニングスが国際ニュースの冒頭で、ニカラグアでは「十年間で最初の自由選挙」が行なわれると述べる。(4) ここで前提とされているのは次の三つの「事実」である。(1) ソモザ政権下の選挙は自由選挙だった。(2) 一九八四年の選挙は自由選挙ではなかった。(3) 一九九〇年の選挙は自由で強要されたものではなかった。よく(2)につけられる注は、オルテガがアメリカ合州国の圧力によって一九九〇年選挙を受諾せざるを得なくなったというものだが、ここで意見がいつもどおり分かれる、「保守」と「リベラル」とでどちらがオルテガにこのことを認めさせたかで争いが起きるからだ。

お慈悲でまあ第(1)点は目をつぶってやってもいいが、ただしニカラグアに「民主主義」を回復させるというお題目のもとにリベラルメディアはこの主張を繰り返してきたことは言っておかねばならない。第(2)点が根本にある独断的主張で、そこから逸脱することは許されず、またどんな事実も受けつけない。私としてはいちいち実際の事実をここでまとめる必要を感じないし、いずれにしろこうした独断的システムから離れたところにいることを選択した人、それが可能になった人にはすでに明らかなことだろう。(5) 主要なメディアにとっては受けいれることができない(よって報道できない)事実があって、それは次の選挙がずっとこのかた一九九〇年に予定されていたということであり、アメリカ合州国がさまざまに策謀をめぐらせた結果、それが数ヵ月早まったということだ。

しかしもっとも興味深いのは第(3)点だろう。かりにバルト海沿岸諸国が独立を宣言したときにソヴィエト連邦がアメリカ合州国のモデルにしたがって代理の軍隊を組織し、定石どおり「ソフトな標的」を攻撃せよとの命令下で一般市民を殺害したり経済制裁によって経済を破壊したりする。そして選挙がやってくると大きな声ではっきりと人々に共産党に投票しなさい、さもないと殺されるか飢え苦しむことになるぞ、と言ったとする。これを「自由で公正な選挙」だと呼ぶのは懲りないスターリン主義者であって他の誰もそうは言わないはずだ。

あるいはアラブ諸国がイスラエルをエチオピア並みのレベルにおとしめ、そのうえで言われたとおりの候補者に投票しなければもっとひどい目にあわせるぞという脅しを突きつけるとする。これを「民主的な選挙」だとか「自由で公正」などという人があったら、その人はナチスとして非難されて当然だ。

ニカラグアに関する基本的な事実に慣れ親しんでいる人なら、こうした類推のふさわしさは自明のことだろう。つまりこうした選挙を「自由で公正」だという人は独裁主義者であるばかりか、そのなかでもかなり特殊な種類に属する。こうした特徴はほぼすべてのメディアに当てはまるが、じっさい私の経験によればこれが適合しない主流メディアの論客にはたった一人しかお目にかかったことがない。

最初からアメリカ合州国が自由で公正な選挙など許すはずもないことは明白だったのだ。このことは「自由な選択」なるものがそれを強制する者たちの条件に合わないかぎりテロと経済制裁が継続されるという何度も繰りかえされた声明によって裏付けられる。このことが公にされたのは一九八九年一一月に選挙運動が始まったときからで、ホワイトハウスは通商禁止を発表、ニカラグア国民野党連合の経済学者フランシスコ・マヨルガによれば、この措置によってニカラグアはそのときまでにすでに三十億ドルの損害をこうむっていたが、それがアメリカの命令どおりの選挙が行なわれなければ続けられるということだったのだ。一〇歳の子どもぐらいの知恵があれば、銃が頭に突きつけられてするこうした選択が「自由で公正」なものではありえないことぐらいわかる。これより少しでも自由で独立した知的文化のある国、たとえば軍隊が支配するテロ国家グアテマラにおいても、メディアはこうしたことをしっかりと把握していたのだから。(6)

たしかにこうした記事が「ニューヨーク・タイムズ」に載るということはなんらかの「分裂」が許容されているわけで、この問題に関してもそれは感知できる。まずどうしようもない第一のグループとして、軍事的経済的制裁が人々の生活に影響を与えていることを否定する輩がいくらか存在する。そこまでひどくはなく少なくとも真剣であるふりをしている人々のなかにはいつもの二種類がいて、「保守派」はこうした要件には言及せずただ民主主義の勝利を寿ぎ、「リベラル」はこれらについて言及してから民主主義の勝利を寿ぐ。いつもながらドグマが支配するシステムではるかに重要な役割を果たしているのは後者の「リベラル派」で、それが許容できる異議の限界を決めているからである。

いくつか例をあげよう。(7)

『ニュー・リパブリック』誌の編集者メイケル・キンスリーは、以前の自分の記事を思いだしながらも重要な点を省いている。つまり、民間人に対するテロリストの攻撃は「コストの損得計算」によって「血と悲惨」もけっきょくは好ましい結果をもたらすと考えられるのであれば正当化される、という彼の主張がそれだ。そのような省略をへて彼は次のように述べる。「ニカラグアの人々を貧しくさせることがコントラ戦争とそれと平行して進行する経済制裁の要点」であり、「我々アメリカ合州国がまさに経済を破壊しているのに」同じ非難をサンディニスタに向けるのは「オーウェル的」である。さらに「オーウェル的なのはアメリカが災難を作りだしておきながら（これが国民野党連合の「選挙における最良の争点」だったが）自由選挙の実施者にして媒介者であるとふるまったことだ」。こう述べてから彼自身がまさにオーウェル的な態度で「自由な選挙」と「民主主義の勝利」を寿いでみせるのである。(8)

リベラル派のもうひとつの見本として、「ニューヨーク・タイムズ」のアンソニー・ルイスは次のように言う。「レーガンの政策は悲惨と死と屈辱しかもたらさなかった」。ほかにもリベラルが好むニカラグアの首の絞め方があるが、その事実には言及されない。ルイスはそこから見事なレトリックを駆使してニカラグアの「平和と民主主義の実験」を称賛し、この「ロマンティックな時代」に「ジェファーソンの理想であった統治される人々の同意とともに行なわれる統治」の勝利に酔いしれる。なんとヴァツラフ・ハヴェル〔訳注：チェコの劇作家・政治家、一九八九年の民主化運動の中心となり共産党政権崩壊後チェコスロヴァキア大統領となった〕まで登場して、パット・ロバートソン〔訳注：米国のテレビ伝道師で宗教放送会社の経営者、一九八八年の大統領選挙で共和党予備選に出馬〕のような言い方でアメリカが「自由の擁護者」であると宣言してその知的共同体に愛着を表明する彼の言葉が引用される。中央アメリカの幸せな人々、さらには民主的意識が成熟した少数の他の国々が証明しているように、というわけなのだ。(9)

リベラル派の許容する範囲ぎりぎりのところにウィリアム・レオグランデのような人がいて、彼も「ニカラグアの民主選挙」がもたらす将来を寿ぎながら、「アメリカ政府は民主主義の名の下にニカラグアに軍事的経済的強圧をかけサンディニスタを権力から追放した」と付け加える。さらに彼が続けて言うには、いまや「アメリカ合州国は中央アメリカにおける民主主義の浸透のために友好的な保守派の政府にも圧力をかけることを忘れてはならない」。つまりテロと経済制裁によって「民主主義の浸透」に寄与したのだから、アメリカ合州国はこのリベラル的な熱意を友人にも示すべきだというわけなのだ。[10]

アメリカのリベラリズムの輝かしい伝統に立ちかえれば、「ボストン・グローブ」の社説が「チャモロを応援せよ」と題して、編集主幹のマーティン・ノランが「ニカラグアを愛する」あらゆる人々は「チャモロを応援しなくてはならない」と宣言する。[11] かりに一九六四年に誰かが、ゴールドウォーターを支持する人たちはすべて「ジョンソンを応援しなくてはならない」と言ったとしよう。その人は地方長官も人民委員もあらゆる人間が総統に従うべきだと信じていた時代の人かと思われるのがオチだ。ケネディ流のリベラリズムに向けてかぎりなく傾斜していく民主主義の理念ほど蒙を啓いてくれるものもないというわけだろうか。

ノランはさらに説明を続ける。「オルテガは手腕のある政治家ではなかった。彼の愛する大衆はスローガンを食べることはできず、心でなく腹で投票したのだ」。もしオルテガがよりすぐれた手腕の持ち主だったなら彼は選挙民に食料を与えることができたろう――ノランの忠告にしたがいアメリカという主人に屈することで。いまやこの「民主主義の恩恵」のなかで「ついにニカラグアが自分で口を開いたのだ」、自由にそして何の重圧もなく。

ノランの野卑さはかなり極端だが、リベラル派の主張はだいたいこれらの例が示しているとおりなので、このくらいでやめてまとめのコメントをつけよう。

ニカラグアの選挙に関する報道ではとくに三つの特徴が目立つ。第一に、うまく統治された独裁国家でもこうはいくまいと思われるほどの驚くべき画一性。第二に、あらゆる政治的信条にまたがって明々白々である民主主義に対する嫌悪と軽蔑。第三に、これが一番だいじなことだが、こうした単純な事実を把握することができない無能さ。以上の特徴から逸脱する例外はあまりに数が少ないので統計上の誤差として考えるのが適当なほどだ。こうした事実を注意深く考察すれば、政治をめぐる文化の力学について多くのことを教えてくれるだろうし、民主主義に対する執拗な攻撃の本質を暴いてもくれよう。これはかつてソヴィエトの共産党が「民主主義の勝利」と呼んでいた時代の特徴にきわめて合致するものだからだ。

ここには自由な新聞や「既成の左翼」を含むこの国の知的文化について考えてきた人たちには目新しいことはほとんどないだろう。「既成の左翼」というのは保守派の『フォーリン・アフェアーズ』に対抗するリベラルの雑誌『フォーリン・ポリシー』の編集者チャールズ・ウィリアム・メインズの言葉だが、彼がこの単語を使ったのは「民主主義の意義を広げる」アメリカの戦いに讃美をささげる文章のなかでであり、この「既成の左翼」が指していたのは「ニューヨーク・タイムズ」である。(12)この国の政治をめぐる支配的文化に対する適切な鎮魂歌と言うべきか。

不一

ノーム

『LOOT』第一巻四号、一九九〇年四月

6 第三世界、第一の脅威

一九九〇年四月一五日
『LOOT』誌御中

プロパガンダを行なう者にとって常識である原則のひとつとして、標的とされる視聴者にすりこむ独断的意見をけっして説明してはならない、ということがある。明らかな形で表出してしまうと、それは省察や検証の対象となり嘲りにさえさらされてしまうだろうからだ。ふさわしいのはやむことなく偏見を徹底的に反復することで、それを言説の条件そのものとしてしまうことだ。このテクニックを例証してくれるのが、マイケル・ゴードンが書いた「弱小国からの強大な脅威――中東の恐るべき軍備競争」と題された「ニューヨーク・タイムズ」一面の「今週のニュース分析」記事である(1)。

冒頭の文が全体の枠組みを設定する。「ソ連の軍事的脅威が減少するとともに第三世界への科学生物兵器、核兵器の拡散が世界の安定に対する最大の危険となりつつある」。この言明が前提とするには私たちが自明の真実と理解すべきとされている次のような想定である――過去においてはソヴィエトの軍事的脅威が「安定」(良いこと)に対する最大の危険だったが、いまや第三世界の最新兵器がそれに代わったのだ、という。

ここで重要なのはアメリカ合州国の軍事力がけっして「安定」を脅かしたことなどないということである。たとえばアメリカによる直接的侵略、政府転覆工作、経済制裁、国際テロが行なわれたインドシナ、グアテマラ、ドミニカ共和国、キューバ、ニカラグア……この辺でやめておく、キリがないので。チリのアジェンデ政権はアメリカ合州国の敵だったから、よって定義上「安定」ではなかった。したがって『フォーリン・アフェアーズ』誌の編集長であるジェームズ・チェースが『ニューヨーク・タイムズ・マガジン』で説明しているように、「自由選挙で選ばれたチリのマルクス主義政府の安定をそこなおうとするアメリカの努力」はニクソンとキッシンジャーによる「安定を求める」努力と矛盾しないのである。(2)

こうした考えの基礎にあるのは、国家というものがけっして間違いを犯さず（ときに戦術的判断を誤ったり、温情が過ぎたり、個人が失策することはあっても）、本質的に悪なのは国家の敵だという信念だ。そこから派生して、アメリカ合州国と同盟関係にある顧客たちがときに欠点をあらわにするし我々自身の完成度にはとうてい及ばないにしても、少なくとも善の側にいるという確信が生まれる。

この派生的考えは、ゴードンが第三世界の「安定」をおびやかす危険について述べるところでも表明される。重要な順にあげると――イスラエルを脅威にさらすイラクのミサイル発射装置。飛行中の爆撃機にも燃料給油できるリビアの能力。イスラエルが「先制攻撃」をしかけると（イスラエルの攻撃に対する反撃として）イスラエルの半分を壊滅できるイラクの脅威。五年か十年で核兵器を開発するイラクの計画（カーネギー基金のレオナード・スペクターの分析による）。イランの化学兵器。シリアの化学兵器と神経ガス。リビアの化学兵器。サウディ・アラビアの中距離ミサイル。エジプトのミサイル開発計画。

第一七番段落にいたってやっと私たちは最後の例にたどり着く——「イスラエルが小規模だが強力な核兵器を持っていると信じられており」、それとともに全アラブ諸国にとどくことのできるミサイルを所持しているとされる。

つまり「中東の恐るべき軍備競争」の元凶はムスリム世界というわけだ。兵器の拡散はまさに今「恐るべき」ことになっているのであり、それは三十年前にフランスの援助でイスラエルが約束に反してディモナ核反応装置を建設し、ノルウェー、そしてアメリカ合州国の提供した重水を使いはじめて核兵器を製造したときではないのだ。同様に平和に対する脅威は核爆弾に引き金となる高速スイッチを獲得しようとするイラクの試みであって、リチャード・スミスというロサンジェルスのビジネスマンが何年も前に同じ器具をイスラエルにひそかに持ち出そうとして一九八五年五月に摘発されたがそののち姿をくらましてしまった事件ではない。あるいは脅威とされていないがゆえにここで述べられていないこととして、イスラエルが核兵器を製造しており、当時の概算では百から二百の最新型核分裂爆弾をもち、その数は毎年十個ずつ増えているかもしれないだけでなく、水素爆弾の原料も作っているという一九六八年のＣＩＡ報告もある。ちなみにイスラエルはいまだに国際的な査察を拒絶しており、ワシントンは（ノルウェーもそうだが）査察を実施して重水をとりかえし、それによって核兵器を取りあげる権利をまったく行使していないのである。

ゴードンは西ヨーロッパにおける貪欲なビジネスによってアラブ諸国やイランに毒ガスの原料やミ

サイル技術が売られているという問題に言及してはいるものの、核兵器や長距離発射装置に使われるスーパーコンピューターをアメリカの製造業者がイスラエルに売ろうとしていることには触れないし、また長年にわたるイスラエルと南アフリカの核兵器開発と試験にかんする協力関係も無視する。

さらに興味深いのはイスラエルが一九五九年以来フランス、そして間接的にはアメリカ合州国とノルウェーの援助によって核兵器を製造してきた理由がここではまったく述べられていないことだ。フランス側の責任者はフランシス・ペリン、一九五一年から一九七〇年までフランスの核エネルギー機構の高等弁務官を務めていた人物である。彼は「ロンドン・タイムズ」で「私たちの考えではイスラエルの爆弾がアメリカを標的にしていた、つまりアメリカに向けて発射されるという意味ではなくて『我々を重要な場面で助けようとしないならそうせざるを得ないように、援助しなければ核兵器を使う』という脅しに使われていたということです」と述べている。こうした戦略的概念は一九五〇年代なかばにさかのぼることができるが、アメリカ合州国の市民の興味を引くのではなかろうか。合州国はイスラエルにハイテク軍事技術（核兵器を含む）を提供しながら、同時にアラブ・イスラエル紛争の外交的解決を妨害し続けていたのだから。こうした事実はタブーになっているが、熱心な新聞の読者ならときどきの報告からきれぎれの情報を集めてこうした全体像に迫ることもできるだろう(3)。

もうひとつ言及されていないのは、過去三十年にわたるこうした兵器開発の歴史と、いまやそれほど不吉だとされる「弱小国からの強大な脅威」との関係だ。よってイラクのイスラエルに対する未来の脅威の可能性がおおきな憂慮をよぶ一方で、アラブ世界全体に対するイスラエルの長年にわたる核の脅威と、イスラエルがアメリカと組んで政治的解決をはばんでいる現実は取りあげられないのである。

「ニューヨーク・タイムズ」はこうした案件をめぐって（それだけではないが）、アメリカの大事な顧客であるイスラエルが検証にさらされることのないよう取りはからうことにとりわけ熱意を傾けてきた。よってゴードンはイラクの核兵器取得の危険について述べるレオナード・スペクターの言葉を引用するのだが、おなじスペクターがこれまで行なってきた警告については異なった扱いがなされるのである。

一九八四年にスペクターのカーネギー基金による核拡散の研究が、イスラエルを「八つの『出現しつつある』核保有国のなかでもっとも進んでおり、インドや南アフリカといった以前の競争者を凌駕した」と名指したという報告が「ロサンジェルス・タイムズ」と「ボストン・グローブ」でなされた。「グローブ」の見出しには「イスラエル二十の核兵器を保持か、との報告」とある。同日の「ニューヨーク・タイムズ」のリチャード・ハロランによる記事の見出しは「第三世界核兵器競争の恐れ」であって、そこにイスラエルの名前は一度だけ、しかも一九八一年にイラクの原子炉を爆撃したことで核拡散の脅威を減少するのに貢献したというものだ。スペクターの核拡散に関する一九八七年の報告にいたっては、「ボストン・グローブ」が六七面の娯楽欄で「イスラエルは都市を『更地』にできるとの報告書」という見出しをつけ、イスラエルが「十万人以上の人口を持つ中東のあらゆる都市をまっさらにしてしまえる」だけの核兵器を獲得したかもしれないというスペクターの言葉を引用する。同日の「ニューヨーク・タイムズ」のマイケル・ゴードンによる記事はと言えば、イスラエルのイの字もなく、核兵器を獲得しようとするリビアの試みをまず警告した後で、パキスタン、イラン、イン

ドといった国に関する疑惑に移るのである。(4)

「ロンドン・サンデータイムズ」が一九八六年のモルデカイ・ヴァヌヌによるイスラエルの核兵器についての証言を公表したとき、「ニューヨーク・タイムズ」は目をそらして、全国版から短信さえも削除、翌日イスラエルによる嫌疑の否定について数行報告することでこの話題の抹消を図ったのだ。ほかの新聞雑誌も大同小異で、それは核拡散を真剣に憂慮するヨーロッパ諸国や専門家による扱いと鋭い対照をなす。ヴァヌヌがイスラエルの諜報機関によって誘拐され密かに裁かれたことも、彼が置かれた悲惨な状況もほとんど報道されなかった。

「ニューヨーク・タイムズ」の編集者も記者たちも彼らが何を隠そうとしているかに明らかに気がついていたはずである。それゆえ「ニューヨーク・タイムズ」の社説対面記事でスペクターはメディアがイスラエルによる核の脅威について「驚くほど無関心」であり、そうしたメディア状況はイスラエルの核兵器とその核ミサイルが「ソ連に届く」ほどの飛行距離能力を持っているとテストでわかった後でも変わっていないと述べる。さらにスペクターは最近ワシントンで行なわれた記者会見でもテレビのインタビューでもイスラエル首相シャミールに対してひとことの質問もされなかったと付け加えるのだが、この慣習がめだって継続しているのは「ニューヨーク・タイムズ」においてなのである。(5)

イラクによるイスラエルへの今後何年にもわたる脅威のすぐあとでゴードンが言及する第二の主要な危険は、リビアが飛行中の爆撃機に給油を行なう能力についてだ。反してアメリカが同じ事を行なえる能力は危険ではないらしく、その能力ゆえに一九八六年リビアに対して疑わしい口実を設けて行なわれたテロ攻撃によって多くの民間人が殺され、今日までこの件に関するメディアの隠蔽はみごとに継続している。またイスラエルによる飛行中の給油能力も脅威ではないらしいが、そのおかげでリビア爆撃より六ヵ月前にチュニスが爆撃され、七十五人の人々がスマート爆弾によって認識不能なほど吹き飛ばされた。これ以外の暴虐もふくめて現場報告を送ったイスラエルのジャーナリスト、アムノン・カペリオークのレポートもこの国ではまったく報道されなかったのである。ワシントンは同盟国であるチュニジアにイスラエルの爆撃機が近づいていることを伝えなかったことで協力し、さらに新聞報道によれば、ジョージ・シュルツがイスラエル外務大臣イツァーク・シャミールにアメリカ合州国政府は「イスラエルの行動に多大の同情をおぼえている」と伝えたが、国連安全保障理事会がこの爆撃を「武装攻撃」として非難〔米国のみ棄権〕した後で、ようやくこの言明を取り下げたという。数日後イスラエル首相シモン・ペレスがワシントンに平和の人として歓迎され、メディアはこぞって厳粛に彼の盟友である平和主義者ロナルド・レーガンとの「テロリズムという悪の暴虐」をめぐる話し合いを報道したのだった。

かくのごとくアメリカとイスラエルの給油能力は「安定」なるものに寄与し、よって平和への脅威とはならないのである。

だがもっとも興味深い省略はいちばん明白なことに関してされている。ソ連の脅威を海外侵略の口実として使うことができなくなり、アメリカ国内の軍事システムのためにハイテク産業に税金をそそぐことが難しくなってきたまさにそのときに、第三世界への核拡散が我々の生存の危機として出現してくるというのは単なる偶然だろうか？　この興味深い問いを追求しようというジャーナリストは、たとえば毎年議会にたいしてなされる政権のＰＲ発表で、なぜ以前よりも精巧な軍事システムがその産業基盤の強化とともにもたらされなくてはならないのかの説明を聞いてみるといい。とくにおもしろいのは一九八九年一一月のベルリンの壁崩壊後、もはやソ連の脅威を儀式的に言いたてる望みが消えてしまってから行なわれた最初の発表である。一九九〇年三月に議会に提出されたブッシュ政権の国家安全保障戦略報告は、アメリカの利益に対する最大の脅威としてソヴィエト連邦の代わりに第三世界を戦闘想定地域として同定している。すなわち、ソ連が消滅してしまった今、重要な中東地域における「我が利害への脅威」はかつてのように「クレムリンの扉に置くことはもはやできない」ことを学ぶべきであり（それでもたしかに国の方針に忠実なメディアはいまだにソ連の脅威に「歴史」や「背景」として言及することを忘れない）、とくに「第三世界の紛争における技術的進歩が我が軍に深刻な要求をつきつけている」と報告は述べる(6)。

つまりロシアという敵がいなくなってしまってアメリカ国民をおどかして動員する手馴れた手段が使えなくなってしまったことは認めざるをえないが、それでも我々は第三世界を標的とした巨大な軍事力を必要としている、というのも第三世界はじっさいの冷戦がどのようにして戦われたかを考えれば明らかなようにつねに現実の敵だったからである、というわけだ。さらに第三世界で力を持つ国々が（我々の援助もあって）技術的な進歩を遂げているのだから、我々もハイテク軍備をいまだに必要としており、パナマのまったく防御施設のない土地を爆撃するステルス飛行機とか、イラクの核兵器から我が身を守る戦略防衛構想とかが欠かせないのである。おかげでエレクトロニクス産業にはまだまだビジネスがたくさん存在する仕組みだ。今日もうひとつの脅威である麻薬については、外国への侵略の口実になってくれるだけでなく、自国内に存在する第三世界の抑圧にも使える、幸いなことに。

私たちはそれほど頭を絞らなくてもいくつかの仮説を組みたてることができるだろうが、それらをメディアは追及してはいないし、将来もそうする見込みはまずないのである。

不一
ノーム

『LOOT』第一巻五号、一九九〇年五月

7 「民主主義への渇望」

一九九〇年六月一八日
『LOOT』御中

コスタリカにおける近代民主主義の創始者ホセ・フィゲレスが六月八日に八三歳で亡くなった。その死はこの十年間の出来事を反芻しその意義を省察しながら、いくつかの肝要な主題について考える絶好の機会を与えてくれる。それを正直に行なおうとすれば合州国における文化やイデオロギーの慣習から離脱せざるをえないはずだ。しかし現実の反応はいつものように、社会の深層に迫るような居心地を悪くさせる問題は回避され、生きている人々を目的というより手段として扱うような態度によって倫理的原則は無視され、儀礼的な配慮がなされるのみで実際にはゴミ箱行きということが繰りかえされたのだった。

この十年間メディアの教化システムの支配的テーマは、アメリカ合州国の外交政策の伝統である人間味あふれる恩恵がいまやこれまで以上に民主主義への熱意によって促進されるということだったが、その突然のきっかけとなったのは一九七九年六月一九日にニカラグアでアメリカの愛顧するソモザがサンディニスタによって政権を奪われたことだった。まさに「ニューヨーク・タイムズ」で外交関係の記事を書くニール・ルイスが書いているように「世界中にアメリカ流の民主主義を実現するという渇望が合州国の外交政策の一貫した主題であった」のだ。(1)

こうした渇望のおもな対象となったのは中央アメリカであったから、中米における民主主義を主導した人物が現実の出来事にたいするきわめて率直な批判者であったすれば、その人がかなり注目すべき地位を占めてきたのではないかと考えるのも自然なことだろう。さらにその人物がアメリカ合州国の政府や企業の利益を支援してきたという歴史を見ればその思いは増すだろうし、それが通常はアメリカのメディアに接近する道なのだが、フィゲレスの場合にこの表面的な期待がはずれてしまうのは、彼の存在が権力と特権の維持に役立つかどうかという原則にあてはまらないからである。フィゲレスは合州国の気にそまないことばかり発言し、タカ派とハト派の合意という狭い枠にとどまることもなかった。したがって反サンディニスタの論調のなかで彼を「コスタリカの民主主義の父」と呼ぶことはときに許されても、(2)それが限界であり、その逸脱行為ゆえにフィゲレスは「自由な新聞」からはほぼ検閲状態におかれなくてはならなかったのである。

「ニューヨーク・タイムズ」はフィゲレスの死にさいして、ヴェテラン記者のエリック・ペースによる長文の追悼記事を「コスタリカを民主主義に導いた」という見出しで掲載した。小見出しでは「独裁者たちを嫌悪していた改革者」とつけられて、一九五〇年代のトルヒーヨやソモザといった支配者たちとの対立に言及する。感情あふれんばかりの社説でもこの「民主主義の戦士」が称えられ、その真率さゆえにソモザに徹底的に対抗しようとした彼の意見に「疑いをいだく者は誰ひとりとしていなかった」と述べる。しかしフィゲレスが何を好み何を嫌ったかに関する、現在の関心に寄りそったニュース価値の高そうな話題は避けられているわけで、その理由を想像するのはむずかしくない。(3)

一九八六年のインタヴューでフィゲレスは自らを「サンディニスタ・シンパ」とよび、「サンディニスタにはとても親近感がある」と言っているが、その理由は彼が個々の政策を認めているからではなく（サンディニスタの政策にはあまり賛成できないと彼は言う）、「歴史上はじめてニカラグアが人民のことを第一に考える政府を持ったからだ」という。一九八四年選挙のオブザーバーのひとりとしてフィゲレスは、それが自由で人々の意見を公正に反映していたというワシントンのメディア以外ではひろく共有されていた見方にくみする。二年後ニカラグアを再訪したフィゲレスはこの「侵略された国」の「人々のあいだに驚くほどの政府支持がひろまっている」ことを見出し、アメリカ合州国はサンディニスタに「彼らが平和裡にはじめたことを終えることを許すべきであり、彼らにはその権利がある」と主張した。さらにフィゲレスはアメリカの神経を逆なでするように、彼には一九八六年に合州国が事実上の宣戦布告をニカラグアにしたとき「ラ・プレンサ」紙がなぜ発行停止になったのか「その理由は自明で」、それは自分もコスタリカがソモザから攻撃されたとき、もっと些細な理由で新聞を検閲した経験があったからだという。彼はおそらくあまりに明らかなことなので言う必要がないと思ったのか、アメリカ合州国、イスラエル、英国、他の西洋民主主義国なら「ラ・プレンサ」のような新聞はとても許容されないだろうという点を付け加えはしなかった。まさにこの新聞は、国際司法裁判所でニカラグアに対する戦争と攻撃支援のかどで非難されたばかりのテロリスト国家の資金で運営されているのだから。(4)

フィゲレスの罪をさらに複雑にしているのは彼が「サンディニスタを攻撃するワシントンの信じがたい政策」を非難するばかりか、さらに進んで「コスタリカの社会機構を破壊」し、「わが国の経済全体をビジネス界や地域のボスたち、合州国とヨーロッパの企業に渡してしまう」その試みを論難することだ。アメリカ合州国は「中米のほとんどを傭兵に転じて」ニカラグアを攻撃させようとしている、と彼は言う。フィゲレスはまたコスタリカのメディアにも批判的で、それが事実上、極右の独占であるとも言っている（よって熱心なアメリカ合州国の自由主義者にはきわめて好評なのだが）。

政治的な手段として使えないと判断されたこの「コスタリカを民主主義に導いた」人物は、一九八〇年代に中米が合州国の妄執の対象となるにつれ有名無実化され、その後アメリカのエリート層の利益がこの地域で確立されると慣わしにしたがって忘れられた存在になりはてた。

少なくとも追悼記事ではこうした真実が明らかにされてもいいだろうと考える向きもあろうし、アソシエーテド・プレスは「アメリカ合州国がコントラ・ゲリラを支援していたときその外交政策を非難した」とフィゲレスについて書いたが、たとえこの程度のジェスチャーでも「歴史を記録する新聞」である「ニューヨーク・タイムズ」には許容できないということらしい。

フィゲレスの死はメディアが合州国の外交政策とその背後にあるものを理解する絶好の機会を提供した。コスタリカが西ヨーロッパを見本とした民主主義システムを持ち、アメリカ合州国による押しつけと支援の結果うまれた中米のテロ国家群のパターンに入らない例外であることは常識である。それゆえ合州国のコスタリカに対する対応も両義的であったから、この歴史をふりかえることは多くの教訓を与えてくれる。

フィゲレスにも有用な点はあり、アメリカ企業にきわめて忠実だったから国務省も彼を称して「ラテン・アメリカで最良のユナイテッド・フルーツ社の広告代理店」と呼んだくらいだ。フィゲレスはとくにアメリカ労働総同盟産業別労働組合会議の役員たちには感心しており、彼らが国内外で労働運動の抑圧と衰退を先導した点を高く評価していた。それに彼は総じて合州国の中米における行動には支持を惜しまず、CIAとも協力、一九六五年のドミニカ共和国侵攻でアメリカ合州国が憲法にしたがって選ばれた大統領フアン・ボッシュの就任をさまたげようとしたときも条件つきではあれ賛成した。さらにフィゲレスはピッグス湾侵攻作戦をも支持、「キューバに侵入した民主勢力のすばやい勝利」を期待、後にその「慨嘆すべき」敗北に失望を表明した。彼の関心は自らの敵であるトルヒーヨがまず退位させられ、そのうえでドミニカ共和国を反カストロの基地として使うことができることだった。ペースはフィゲレスがコスタリカの侵略に反対したという言葉だけを引いているが、その背景は省いてしまっている。

より決定的なことはフィゲレスが、一般の人々を周縁においてビジネスを優先するというアメリカ流の「民主主義」の定義に忠実だったことで、彼は初期のころから大農園の労働者のあいだでとくに勢力の大きかったコスタリカの共産党が権力へ受けいれがたい挑戦者であると考えていた。よってフィゲレスは共産党の指導者を逮捕し、党を非合法と宣言して党員を抑圧、一九六〇年代をつうじて労働者階級を代表する政党の禁止を国家権力によって維持しつづけた。彼はまたその理由を率直に語っており、それが「弱さのしるしであって、敵の勢力を前にして自分が弱小であるときにはそのことを認める勇気を持たなくてはならない」と語っている。彼のこうした行動は西洋におけるリベラルな民主主義概念に沿ったものであり、それがまたアメリカ合州国による「コスタリカという例外」を許容する条件ともなっていたのである。

概してフィゲレスがアメリカ合州国の方針に無条件で追随していたと言えるのは、その政府が海外投資に有利な要件を提供しており、労働運動や政治的異端を抑圧して企業の利益を国内で何よりも優先していたからだ。

にもかかわらず米国は不満だった。憲法で共産党が非合法化され労働運動はほぼ鎮圧されてはいたが、コスタリカはそれでもアメリカ合州国の民主主義と自由の基準におよばなかったのだ。アイゼンハワー政権のコスタリカ大使であったロバート・ウッドワードは「アカども」が「労働者階級」からまだ根絶されておらず、「労働運動を完全に壊滅させる手段」がとられていないと警告した。そのうえコスタリカは表現の自由と法的権利に固執するあまり共産党員を逮捕したりその出版物を禁圧するという民主主義の確固たる要求に応じてもいない。コスタリカが市民の自由を尊重していることに国務省は批判的で、共産主義者を「抑圧するのに政府は腰が重く」、メディアもアメリカ合州国のソースに頼ろうとする態度が見えない。ラテン・アメリカ諸国の過度な自由主義的傾向に悩んでいたケネディ政権は、こうした国々が合州国のビジネスの利害に反して民主的な姿勢を削ごうとしないことに満足できなかったのだ。

一九八〇年代になると服従を強いるためにアメリカ合州国は借金というムチを使い、オスカー・アリアスのような大企業を支援する指導者の協力をえて、コスタリカの福祉政策を後退させて軍隊を再建（別の名前で）、なんとかこの国を自国に都合のいい「中米モード」に戻そうとした。フィゲレスは次のように言ったというが、これは当時とても報道できなかったろう。アメリカ合州国は「コスタリカの社会機構を破壊し、経済全体を企業にさしだし、わが国の社会保障をなくし、民営化できるには大きすぎる国営銀行と国営の電力会社を破棄してしまった。アメリカ合州国は我々にそれらを私企業に売りわたすよう強制したが、それは地域のボスかアメリカとヨーロッパの企業にそれをくれてやることを意味したのだ」。

フィゲレスの死はまた別の時宜にかなった省察の機会をも提供する。「コスタリカという例外」は人々に恩恵をもたらす社会支出をもとにして国家が主導する経済的発展に基づいている。すなわちそれはアメリカ合州国や国際機関がいまや東欧をふくめた「発展途上国」に課す処方箋に根本的に反しているわけで、さらに広げて言えば、市場原則に反して国家権力との協同をすすめることが英国から韓国、台湾まで、さらにはアメリカ合州国自身でも経済発展の成功の原因となってきたことは普遍的に疑えない事実である。第三世界に唱導されてきた——可能な場合には強制されてきた——企業の利益を第一義とする教義は、社会の経済的発展に関する経験的証拠にもとづいておらず、ただ地域のボスと外国企業に奉仕するばかりなのだ。こうした事実は思考を誘うはずだが、それも市場原理からの逸脱が許されなければままならない。

ホセ・フィゲレスの人生と彼に対するアメリカ合州国の対応は中米に関して多くのことを教えてくれるし、「民主主義への渇望」という寓話がいかにアメリカのエリートを鼓舞してきたかもそこから知れる。だからこそ墓のなかまで便利な話を持っていき事実は隠しておいたほうが良いのである。

不一

ノーム

『LOOT』第一巻七号、一九九〇年七月

8　非暴力の使徒

一九九〇年七月一八日
『LOOT』御中

「テロを容認することはできない」という見出しで「ニューヨーク・タイムズ」の編集者たちがブッシュ政権をいさめている。記事の内容は、PLOの一派がゲリラ作戦に失敗した事件をめぐって同紙が国際道徳の守護者として苦難にみちた責任と向かいあうというものだ。ブッシュ政権はすでにアメリカ合州国がけっして「テロリズムを黙認」しないと表明しているが、一方でこのようなPLOの悪行に直面しても「和平プロセス」の継続を望んでいる。アンソニー・ルイスは親パレスチナ的なスタンスでいつも論難されている書き手だが、彼も今回はヤサ・アラファトに「ごまかしの時間はもう終わった」と警告、「イスラエルとの平和交渉をむねとする組織の代表」にひとりのテロリストも入ってはならないと書く。(1)

世界中のマンデラやらアラファトやらにまだまだ彼らは非暴力という倫理的高みに達していないと講義するのが大好きな「ニューヨーク・タイムズ」が、ガンディーやマーティン・ルーサー・キングの原則を盾に敵に教えをたれようと奮闘しているのを見るのはまことに心躍ることだが、それでも一抹の不安が残るのはなぜだろうか。

アラファトをいさめながらルイスは次のように言う。「パレスチナに政治的な進展が可能だとすれば、それは自らの交渉と平和への意志をイスラエルに確信させることによってでしかない」。ここでの前提はイスラエルの方ではそうした結末を望んでいるのだがそれをパレスチナ側が頑固に阻んでいるというものだが、事実はすでに見てきたようにまったく異なる。エジプト大統領サダトによる平和解決への包括的提案が検討されたのは、一九七三年の戦いによって一九六七年戦争以後のイスラエルとその守護者であるアメリカ合州国の勝利への耽溺が砂上の楼閣であったことがはっきりしてからのことで、さらにその提案はイスラエルによる占領地の接収とレバノン侵略を容易にするための手段に使われた。イスラエルがレバノンの大部分から撤退するのも武力抵抗によるコストが高くつきすぎるようになってからだ。占領地の住民が軍とイスラエル側居住者の圧力の下で日常的なテロと拷問と屈辱をこうむっているあいだ、妥協するなどという考えはイスラエルには思いもよらなかったのだ。シオニスト運動の初期からアラブ側の穏健な態度がアラブ人の攻撃性以上の脅威として受け取られ、イスラエルのどの政党もパレスチナ側との実効性のある交渉を拒絶しつづけ、イスラエルとアメリカ合州国のすすめる「和平プロセス」なるものはパレスチナ人の民族的権利を明確に拒否したところでなりたっているのだ。

こうした事実を受けいれがたいとするメディアはつねにそれを押し隠してきた、というより嘘で固めてきた（ここでルイスがしているようにだ、彼は他の者に比べればそれほど極端ではないけれども）。驚くべきことにペレス、シャミール、ベーカーの三者によるプランの詳細も、それがアメリカ合州国の公式の政策で「これ以外の計画はない」といつも言われているほど重要なものであるにもかかわらず、まったくメディアによる検討をへていない。これだけのことができるメディアというものにはまったく頭が上がらない(2)。

しかしここではこういったことはすべて置いておき、テロリズムという概念を考えてみよう。いったいテロとは何か？　現下の状況ではふたつの答えが意義深い。ひとつは国際的な約定、もうひとつは「南アフリカ例外条項」とでも呼ぶべきものだ。ひとつめは一九八七年一二月の国連総会であらゆるテロリズムを非難する決議として可決されたもので、「植民地支配と人種差別体制ないしは外国支配にたいする自決と自由と独立のための闘争」はテロリズムとは見なされないと述べているが、南アフリカ例外条項はこの一節を拒否している。この点に関して世界の意見は分かれており、国連決議は一五三対二で通った（反対はアメリカ合州国とイスラエル、ホンデュラスが棄権）が、この事実も触れられていないということは、メディアによれば世界中が道にはずれているのだから取り上げることはないというわけなのだろう。

同様に述べられていないこととして、PLOを「対話」に迎え入れるにあたっての厳粛な条件の背後にあるのもまさにこの問題だということがある。現実にはこの「対話」は独白であって、パレスチナの悪者どもがアメリカの言うことをしっかり拝聴する権利を認めてもらって静かに退散するというものなのだが。テロリズムに関するほぼ普遍的と言える国際的合意をPLOが受諾したことを「ニューヨーク・タイムズ」の編集者たちは「古だぬきアラファトの言いぬけ」と怒りをこめて非難しており、アンソニー・ルイスも自ら異議申し立ての限界を示すかのようにアラファトに南アフリカ例外条項への賛同をこれまで以上に明確に示すことで真率さを証明せよと迫る。ルイスの言明にこれまでのメディアのパターンからの逸脱があるとして、私にはそれを見つけることができないのだけれども。(3)

ここでもいわば党是にしたがった主流意見にいったん組みすることにして、テロリズムに関する思考をすすめてみよう。ただし注記として、私たちが屈辱というだけではまったく十分でないほど国家権力に追従している状況にあるということを忘れないようにしておきたい。厳格なアメリカのメディアの基準を満たすには、PLOの代表にテロリストがひとりとして入っていてはならないという条件があることを思い起こすならば、同じ禁令がイスラエルにも適用されているかと問うことは自然なことだろう(政治の表舞台に立つ人々にたいしては誰であろうと殺意をいだくような過激派のことはここでは一応除外しておいてもいい)。適用されていないとすればそれはなぜか? 適用されているとすれば更なる問いがすぐに持ちあがる。首相であるシャミールのテロリスト活動の経歴は半世紀にもわたるものだ。その内閣における重要人物のひとりにアリエル・シャロンがいるが、彼は「ニューヨーク・タイムズ」でテロリズムについての考察を書いているほどだ。テロという蔓延する病といかに戦うかの専門家としてシャロンは社説対面記事「テロという怪物を壊滅させるときだ」を書いており、彼がいかにこうした問題に精通しているかがわかる。(4) 実際シャロンは一九五〇年代からテロリズム攻撃を組織しており、初期のもののなかでも有名なのが(最初のものではないが)一九五三年のキビヤでの虐殺だ。(5) あるいはまた一九七一年のガザでの「無差別テロの支配」(アムノン・ダンクナー)をあげてもよく、これが最近のアメリカ合州国お気に入りの者たちによるテロ攻撃の見本ともなる一例と言っていいだろう。

しかしここではさらにこうした暴虐についての戸惑いも脇においておき、イスラエル占領地における残虐で独裁的な支配のことも議題からはずしておこう。このような暴力はヘブライ語の新聞や人権団体の報告書に記録されているにもかかわらず、そのための費用を支払っている一般国民の目にはほとんど見えていないのだが。

もうひとつ別の問いを提示するのは中東で長く特派員を務めるイギリスのジャーナリスト、ロバート・フィスクだ。彼の言うところによれば、「昨年レバノンで百人以上がイスラエルの空爆で殺され、その多くは民間人」であり、「どうしてブッシュ大統領はレバノンのパレスチナ難民キャンプを爆撃するイスラエルと国交を断たないのか、とパレスチナ人は聞く権利があるはずだが、ＰＬＯとしてはそれが現実の政治的状況からして不可能であることを知っている」[6]。同様にありえないのは、アメリカ合州国でこうした考えを公表することを文化の支配者たちが許す可能性である。

フィスクが言及している空爆はレバノンにおけるイスラエルの「安全保障地帯」のはるか北で実施されたもので、そこではイスラエル軍に支援されたテロリスト傭兵軍団（ＳＬＡ）がすさまじい弾圧を行なっているのだが、こうしたこともアメリカのメディアでは報道されない。となると市場、学校、病院への爆撃、協力しない村人たちに食糧を運び込ませないための封鎖措置、軍の協力者たちにしたがわない村から女性や子どもたちを追い出すイスラエル軍の早朝襲撃といった事例はもとより、住民を守ろうとしながら果たせなかったノルウェーの国連軍兵士がナチスのそれにも比すべき「非人間的行為」と非難した暴虐といったほんの数例をあげるまでもなく、これらすべてがアラファトの語る一言一句を精査することで南アフリカ例外条項に合致しＰＬＯを「対話」に入れてもいいかが検討されていたまさに同じ時期に起こっていたということ、そうしたこともメディアはいっさい無視している(7)。アメリカ合州国が保護するイスラエルという国には果たして交渉のテーブルにつくだけの資格があるのかどうか、多額の援助を受けいれる要件を備えているのか、そういったことはいっさい問われずにひたすらこうした物語だけが続いていくのである。

どれほどの矛盾があっても、何をもって良き行ないとするのかを決めている者たちの心の平静が乱されることはないらしい。よってロバート・ペアーもPLOが南アフリカ例外条項に厳格にしたがわないかぎり「対話」が危機に瀕するとのアメリカ合州国からPLOへの警告を報道するが、アメリカ国務省の報道官チャールズ・レッドマンは三人のパレスチナゲリラが南レバノンでイスラエル兵士とSLAの傭兵にたいする攻撃で殺された事件に言及して、「イスラエル内外でのイスラエルの民間ならびに軍事標的への攻撃は対話の平和的目的に反する」と声明を発し、そのような事例で「PLOが責任をまぬがれることはできない」と警告するのだ。同じ日の新聞の隣のページには、イスラエルとその傭兵たちの支配する地域よりはるか北にあるベイルート近郊でイスラエルのジェット機がパレスチナ側の標的を攻撃し、ミサイルが学校の校庭にあたって三人が死亡、二二人の児童が負傷した事件が短く載っている。「四歳から一〇歳の子どもたちはパニックに陥り、なかには顔から血を流しながら泣きさけんで学校から走りでていった」とAP通信は伝え、子どもたちの五人が重傷だと付け加えている。イスラエルにたいする警告はなされなかったが、アメリカ合州国からの反応はかろうじてあり、チャールズ・レッドマンが次のように述べたという。「南レバノン［原文どおり］におけるこの最近の行動とそれに対する反動は安全保障に関する合意の必要性をあらためて感じさせる(8)」。

「ニューヨーク・タイムズ」の編集者や書き手たちは、この発言になんの非難もせず、なんら矛盾も感じないらしい。

かくして状況は継続する。いくつかの事例だけ挙げれば、数週間後の三月末にはイスラエルの飛行機によってベイルート東部の農場で二十人が殺され、瓦礫に一家全員が埋もれたりしたのだが、そこには民間人が多く含まれていた（「ニューヨーク・タイムズ」、「ワシントン・ポスト」）。一〇月にはイスラエルの「安全保障地帯」からSLAによって二八人のレバノン人が追放、その理由はこの人々の親戚である三人が傭兵軍から逃亡したためであるという（AP通信）。一二月にはSLAによってナバティヤという市場町が砲撃され、三人の民間人が死亡、九人が負傷した（AP通信）。一九九〇年二月には、イスラエルの戦闘機がシドン近くのパレスチナ側標的を攻撃、負傷者が避難しようとしているところを再度襲うという通例の戦術がもちいられた（AP通信）。軍隊の発表によれば、南レバノンでのイスラエル軍にたいする攻撃をやめさせることが目的であるという。七月のさらなる攻撃はやっとメディアの注目を少しあびたようで、おそらくその理由は「この地域で捕えられていたひとりの西洋人の人質の解放がおくれるかもしれないという恐れをこれらの事件がかきたてた」からだろう、とヒジャージは言う。イスラエルによる国際的領海における民間船の拿捕のような頻繁におきる事件はいつものことながらほとんど報道されない(9)。

レバノンでのアメリカ人の捕虜にかんする記事でトマス・フリードマンが伝えるところによれば、拉致の理由は「第三者であるイスラエルが南レバノンの牢獄にとらえている三百人以上のシーア派レバノン人」と他の囚人たち、とくに「一九八九年七月にイスラエルが拉致したシーク・アブデル・カリム・オベイドを解放するよう求める」ためであるという。ロバート・ポルヒルの解放に一役買ったあるシーア派の指導者によれば、囚人問題に何らかの進展があるためにはこれらの人々の解放が「欠かせない」のだという（AP通信）。いっぽう英国の新聞によればなかでも最悪の牢獄と言われるキアム（アンサール1）の恐怖の部屋はレバノンにおける反イスラエル活動の疑いをかけられた人やその親戚を罰するためにレバノン侵略中に作られたもので、国連の報告によればなかにはイスラエルの秘密警察（シン・ベス）のスパイにつかまり五年間囚われたままの者もいるという。地域住民の信じるところによれば、この施設は「地域に住むレバノン人に恐怖をふきこむこと」にあり、そのねらいは大きな成功を収めている、とロバート・フィスクは言う。国際赤十字も他の人権団体もキアムを訪れることを許されていないが、別々のソースによる多くの証言が一貫して伝えるところでは、イスラエルの監督下でその息のかかった者たちが行なっている残酷な拷問や収監者のおかれた悲惨な状況の証拠にはことかかない。ジュリー・フリントも別の件でこの牢獄について「ようやく国際的な［つまりアメリカ合州国以外では、ということだ］注目をあびるようになってきており、それはイランがキアムの囚人の解放をイランにおける西洋の人質たちの解放と結びつけるようになったからだ」と言う。つまり西洋の人質の話なら無視できないからというわけだろう。(10)

イスラエルのテロリスト活動を無視する一方で、レバノンにおいてさえもイスラエルの軍事目標におけるいかなる攻撃も激しく非難するという点で、アメリカ合州国政府とメディアをダブルスタンダードと論難するだけでは十分とは言えないだろう。むしろ私たちが理解すべきなのは、南アフリカ例外条項がより深い原則によって補われているということだ。すなわち、アメリカ合州国とその顧客によるテロ活動が自動的に除外されているということ。このことさえ理解してしまえば、あとはひとつの基準しか適用されず、矛盾はどこにもなくなるのである。

同様の理由から私たちは、なにゆえ「ニューヨーク・タイムズ」における外交問題の主筆である高名なジャーナリストがレバノンにおけるイスラエルの暴虐を認めているのかということも理解できる。その人トマス・フリードマンは中東の情勢報告で二つめのピューリッツァー賞をとったすぐあとイスラエルで行なったインタヴューで、南レバノンにおける残忍なイスラエル傀儡支配を占領地の見本として提案したことがある。しかしフリードマンはよく知れたハト派だからひとつだけ条件を加えた。すなわちパレスチナ人も少し分けまえに預かること、なぜなら「パレスチナ人に何か失うものを与えておかなくては、彼らが要求を緩和することに同意する望みもなくなるだろうから」というのだ。そのような希望があってはじめて、パレスチナ人も二国間解決案における相互承認などという絵空事を放棄するだろうというわけだ。ちなみにフリードマンはこのパレスチナ人の要求を伝えることは一貫して拒否しており、その一方で「バランスの取れた情報量の多い報道」で賞を取ったのである。「アフマドがバスのなかでひとつ席を譲ってもらえば、彼は自分の要求を曲げるだろうと私は信じている」とはフリードマンの言い草だ。(11)

もし有名なジャーナリストが南アフリカの人々に「サンボにバスの席をひとつやれ」と勧めたらどんな反応があるか、と問うてみたらいい。あるいは「ユダヤ野郎にバスの席をひとつやれば、やつは自分の要求を曲げるだろう」からユダヤ人にいずれは失うことになる何かを与えるべきだと提案したとすれば、どんな答えが帰ってくるだろう？　外交問題主筆の席への昇進かな、たぶん。

不一
ノーム

『LOOT』第一巻八号、一九九〇年八月

9 UN（国連）イコールUS（我ら米国）

一九九〇年九月六日
『LOOT』御中

湾岸危機の暗鬱さをはらってくれるようなものを見つけるのはきわめて難しいことだが、メディアのほうではどうやら一筋の燭光を見いだしたらしい。国際連合の行ないがとつぜん改まったというのだ。「ボストン・グローブ」が「大人になった国連」という見出しでそれが新たな責任感と真剣さを帯びだしたと伝えている。ニュース報道のほうでも、武力攻撃にたいして「モスクワがすばやくイラクの侵略を非難したおかげで、これまで長く超大国の争いによって麻痺していた国連安全保障理事会も重大な役割を果たせるようになった」という（パメラ・コンスタブル）。こうした新しい状況のもと、「ニューヨーク・タイムズ」の記者R・W・アップルも、ワシントンが「冷戦終了によってここ数十年間でいちばん機能しはじめた国連にこれまで以上に頼ることでその政策を決めるようになった」と書く。(1)

こうした背景をまとめているのが「ワシントン・ポスト」のジョン・ゴシコだ。やっと国連は世界平和のための媒体に「変容し」、これまで「アメリカ合州国とソヴィエト連邦、それにそれぞれの同盟国間の長期の冷戦」のあいだじゅう「第三世界のデマゴギーの舞台とされて役立たずだった長年の失敗から」脱した。国連にかけられていた期待は「最初から合州国とソ連との辛らつな冷戦によって裏切られた。世界の人々の意識にのぼる初期の国連のイメージは、安保理で拒否権を発動したり席をけって退出するしかめ面のソ連大使たちだった」が、後になると新たに加入した第三世界の国々が「国連総会をしばしば甲高い反西洋的レトリックの場にしてしまった」。それが「およそ二年ほど前から雪解けによるソ連の外交政策の変化のせいで変化がおきはじめ」、いまや我々は「国連にしてはめずらしく」「それが当初の意図どおりに機能する事態をとつじょ迎えている」というのだ。(2)

「ワシントン・ポスト」の政治論説委員であるデヴィッド・ブローダーも次のようなお墨つきをくわえる。「長きにわたった冷戦期間中、ソヴィエト連邦の拒否権と多くの第三世界諸国の敵意のおかげで、アメリカの政治家や市民の多くが国連をさげすみの目をもって見ていた。しかし今日の変化した環境のなかで、国連が世界の指導者層の有効な手段であることがはっきりしてきたわけで、紛争地域における平和と法の支配を効果的に促進する媒体としての可能性が生まれてきたのである(3)」。

てっとり早く言えば、かつては超大国の争いとロシアの邪魔、それに第三世界の精神病によって道をあやまっていた国際連合が、冷戦におけるアメリカの勝利によって更正した、ということだ。

お楽しみに水をさすのは誰でも気がひけるが、どうもここには何かが欠けているように思える。たしかに四十年前、「しかめ面のソ連大使たち」が国連決議に拒否権を発動したわけだが、その理由をひとこと述べておくのも無駄ではないだろうし、そのときから一気に一九八八年まで飛ばしてしまうのもやや安易に過ぎるし、過去数十年に何が起きていたかにも数言を費やすべきだろう。いくつか失われたコマをおぎなってみると、この心地よいお話にどんな変化がおきるかを見てみよう。

いまでも安保理では拒否権が存在するし、総会決議に反対して投票する国も少数だがある。中東に関するものをいくつかあげてみれば、一九九〇年六月にアメリカ合州国が占領地におけるパレスチナ人にたいする暴力の実態をめぐる調査団の派遣をきめた決議（賛成一四、反対一）に拒否権を発動した。新聞記事が勧めるように「二年ほど前に」さかのぼれば、一九八八年のはじめにはレバノンにたいするイスラエルによる攻撃を非難し、平和交渉に国連が介入し、イスラエルにジュネーヴ協定の遵守を求める一連の決議をアメリカ合州国が拒否。十月には国連総会でイスラエルが「無辜なパレスチナ人を殺害している」との非難決議を賛成一三〇、反対二（アメリカとイスラエル）で採択した。一九八九年六月、イスラエルによるパレスチナの人権侵害を譴責する安保理決議をアメリカがふたたび拒否。手元の集計によれば、合州国はこの問題に関して六十六の安保理決議のうち二十三に拒否権を発動している(4)。

あきらかに関係のありそうな他の例をいくつかあげてみると、一九八二年六月にイスラエルがレバノンに侵攻したとき攻撃をやめるよう求めた総会決議に反対したのはアメリカ合州国（とイスラエル）だけ。イスラエル軍の撤退を要求し、イスラエルとパレスチナの軍隊がイスラエルによる爆撃で多くの民間人が被害にあっていたベイルートから同時に退去するよう求めた国連安保理決議にもアメリカは拒否権を発動。この拒否の理由は決議が「ＰＬＯを有効な政治勢力として維持する明らかな試みである」からというものだった。ＰＬＯが外交的なイニシアティヴを発揮すれば困るわけで、アメリカ合州国に支援されたイスラエルのレバノン攻撃はこれを阻止しようとするものであったことがイスラエルの当初の主張からも明白だったのだが、そうした理由をこの国の新聞はまったく取りあげようとしない。

それより二ヵ月前アメリカは、ユダヤ人テロリストの襲撃にあった三人の選挙でえらばれた市長の地位を回復するようイスラエルに求めた決議をも拒否していた(一三対一、ザイールが棄権)。同じ日さらにアメリカはひとつの決議に拒否権を発動したが、それは中央アメリカの危機にかんして安全保障理事会がつねに報告を受けるよう国連事務総長に求めるものだった。ここで名指しはされていないが、それがアメリカ合州国によるニカラグア侵攻をさすことは明瞭だった。合州国代表団はこの決議が「アメリカ大陸国家間のシステムに反して」「平和の探求に泥をぬるもの」であるから、「シニシズムを誘発し」ひいては「国連の機能を阻害するもの」だと主張した。サダム・フセインもクウェート侵攻にかんする国連決議にたいしてまったく同じ論理を展開し、アラブの平和維持システムを阻害すると主張して、おおいに憤激をかったことは記憶に新しいところだろう。一九八二年四月の安全保障理事会にたちあった者にとって、ひとつの国が同じ日に異なる二つの案件について拒否権を発動したのを見たのは初めてのことだった。

イラクのクウェート侵攻のほんの数ヵ月前、アメリカ合州国はいつもどおりイスラエルの占領地における行ないを非難する決議に拒否権を発動する(一九八九年一一月、賛成一四、反対一)。そのすぐ後こんどはニカラグアを攻撃するコントラ軍を合州国が支援することを譴責する総会決議に反対の投票(同調はイスラエルだけ)。そしてふたたびイスラエルとともにニカラグアへの不法な経済制裁に反対する総会決議に反対（一九八九年一二月）。一月にはアメリカ合州国（単独）によってパナマのニカラグア大使館への攻撃を非難する安保理決議に拒否権が発動された（一三対一、英国が棄権）。

「ニューヨーク・タイムズ」の編集者たちが、サダム・フセインの軍隊によるクウェートの外国大使館包囲に憤激して社説を書きながら、以上のような事例をまったく忘れているのはどういうわけだろう。論説委員たちはこの悪漢がいまや言語を絶した悪行に手をそめ「外交手段そのものをつぶしにかかっている」と言い、ニュルンベルグ裁判の原則にしたがって戦争犯罪人として裁かれるべきだという新たな主張を行なう。その犯罪は国際法と条約の無視、「占領地における一般市民にたいする暴虐」、さらには「ウィーン条約によって保護されている外交官の特別待遇」にたいするとんでもない所業をふくむ。[5]こうした起訴事実はそのとおりで、なるほどそのような罪を犯した者たちは「ニューヨーク・タイムズ」の編集者が主張するようにニュルンベルグ原則にしたがって裁かれるべきだろうが、それにはパナマへの侵略者やニカラグアにたいする「非合法の軍事力使用」（国際司法裁判所の裁定によれば）を画策した者、さらにはイスラエルにかんするメディア共通の認識にしたがって編集者たちが「人間の尊厳のシンボル」そのものであり「道徳的な感受性が政治生活の原則であるような社会」と呼ぶイスラエルというアメリカの同盟国も含まれるべきだろう（もちろんイスラエルがアメリカの言うとおりにおとなしくしていればの話だが）。しかしながら不思議なことに、編集者たちは自分たちがこれほどまでに執拗に守ろうとする原則から必然的に導きだされる結論には目をつぶっているのだ。

ここで挙げたような事例は（ほんのいくつかだけを取りあげたに過ぎないことを忘れないでほしい）だいたいにおいて報道されないか簡単に無視されるかなのだが、いつもそうであるとは限らない。たとえばアメリカ大使トマス・ピッカリングが安保理のイラク非難決議を情熱をこめて擁護したときなどワシントンのある記者は、一九八九年一二月二三日のアメリカ合州国によるパナマ侵略を非難する安保理決議（アメリカが拒否権を使ったが、この場合は英国とフランスも同調した）や、一九九〇年一二月二九日の「アメリカ軍のパナマからの撤退」を要求し、その侵略を「国際法と国家の独立、主権、領土に対する許しがたい侵害」と呼んだ総会決議を思い出した。幸いなことにこの記者の言葉が活字になったのはダブリンでだけだったので、それをいちばん問題にすべきアメリカでは全員安心していられたわけだけれども。(6) 自分の国に近づけば近づくほど、どうやらこうした視点は希少となり、事実も消されていくようなのだ。

関係のある他の領域に目を転じれば、一九八七年一二月のワシントンサミットで中距離核戦力条約を調印したロナルド・レーガンが世界を平和に導いていると称賛されていたとき（米国内の話だが）、国連総会も一連の軍縮決議を採択した。宇宙における武器（レーガンのスターウォーズ計画だ）にたいする反対決議が棄権なしで賛成一五四、反対一。あらたな大量破壊兵器の開発に反対する決議が賛成一三五、反対一。兵器実験禁止決議が賛成一四三、反対二。あらゆる核兵器実験爆発の停止をもとめる決議が賛成一三七、反対三。いつもどおり全部の決議に反対票を投じる「しかめ面の大使」がひとりいて、二回はフランス、一回は英国が同調した。このどれもアメリカの全国版新聞では報道されなかったが、同じ時期にソ連を批判した総会決議については多くの新聞が取りあげた。レーガンを平和の使者として称賛する報道があふれていた時期なのだから軍備縮小決議はどうみても時宜にかなっていたはずだが、都合がよいとはお世辞にも言えなかったわけだ。「ニューヨーク・タイムズ」、「ワシントン・ポスト」、それに三つのテレビ局では、おなじ国連総会でアメリカ合州国によるニカラグアにたいする戦争を非難する国際司法裁判所の裁定に「完全かつ即座にしたがう」ことを求めた決議が採択された（合州国とイスラエルは反対）ことも見事に無視されてしまった。一年前の同様の決議（合州国、イスラエル、エルサルバドルが反対）もほとんど注意を引かなかったが、あらゆる国家に国際法遵守をもとめた安保理決議をアメリカが拒否したときにはかろうじて「ニューヨーク・タイムズ」がみじかく報じていた。

つまりアメリカ合州国という国は安保理決議への拒否権発動と総会決議への反対投票を（しばしば単独で、あるいは事実上単独と言わざるをえない状況で）くりかえし、軍縮、平和、国際法、テロリズム、中東、南アフリカ、環境保護といったあらゆる問題にわたって国際連合のイニシアティヴを邪魔しているのである。一九七〇年以来アメリカは安保理決議の拒否回数においてダントツであり（英国が二番、フランスがはるかに離れて三番）、（事実上）単独で総会決議に反対することでも他の追随を許さない。拒否権を発動するしかめ面の大使は米国訛りが強い輩で、ソ連は多数派とつねに同調することのほうが圧倒的に多いのである。合州国の孤立はその絶大な力がなければもっと目立つものとなっていたろう、なぜならその権力のおかげで多くの重要な問題が国連の議題となることを妨げられてきたからだ。ソ連のアフガニスタン侵略ははげしい非難をあびたが、国連はアメリカのインドシナ侵攻をまったく取りあげてこなかった。

事実もその重要性も議論してはならない、あるいは報道さえしてはならないというわけなのだが、ときに逸脱したふるまいによって当惑したようなコメントがなされることはある。「ニューヨーク・

タイムズ」の記者リチャード・バーンスタインが、アメリカ合州国の立場を支持するのが「黙っていても多数派」だった古きよき時代にくらべて、国際的基準が悪化しつつあるのはなぜかと問うたことがある。バーンスタインはこの道徳的頽廃の要因を国連の「構造そのものと政治的文化」のありよう、そして米国の外交官の技量不足のせいにしている。アメリカの外交官は単純で正直すぎるので、国境の向こうの悪辣な勢力の陰謀に太刀打ちできないのだ、ということらしい(7)。頽廃が進む前、昔の時代には「黙っていても多数派」が第二次世界大戦によって荒廃した世界で圧倒的な富と力をほこっていたアメリカ合州国の巨大な権勢によって保証されていたので、国連もソ連という敵国にたいする武器として使うことができたわけだし、よってソ連はくりかえし拒否権に訴えた。こうしたソ連の悪行は人類学者から政治評論家にいたるまで西洋の学者によって精査され、その理由が分析されてきたが、ロシア人には子どものようなすべてを否定したがる性癖があると考える学者もおり、それを「おむつ病」と呼ぶ者さえいるという。のちになってソ連が「多数派の暴政」(別名を「民主主義」)のもとに崩壊したとき、今度は頭のおかしい第三世界の国々の「甲高い反西洋的レトリック」が同様の調査の対象となったのだが、先進国は「その調査チームに加わる」ことを拒否した。この「チーム」とはもちろん米国のことで、チームとはいえ単独の所業だったわけだが。バーンスタインたちの示唆によれば、こうした他国の拒否の姿勢も我が米国の寛容にたいする不安と不満の表れなのであろう、とまあこういった具合である。

国連は我らの命令にしたがう限りにおいて善良なやつだ。これは第二次世界大戦後の初期において当時の状況を考えれば当然だがその通りだったし、また昨今の湾岸危機の時代にもそうだった(多かれ少なかれ、と言うべきだろう、じっさい湾岸危機のときにはアメリカがそうあって欲しいと願うほど国連は忠実ではなかったのだから)。こうした事実は冷戦にもロシア人にも第三世界にもほとんど関係がない。

以上の考察から導きだされる結論はあまりに明白で間違えようがない。しかしあらゆる論者にまったく明らかなことをメディアが伝えていないと言ってメディアを非難するのは誤りだろう。むしろ表面に現れる事実と深いところにある論理原則とがせめぎあっているのであり、そのような論理が目に見えるべき事実を事実でなくしてしまうのだ。アメリカ合州国の権力によって提出されるがゆえに結論的に議論の余地のない真実となってしまうものがある。もし国連につどう国々がこのことを理解しそこねているとすれば、それがどのような文化的・精神的病に冒されているのかを私たちは問うべきだろう。つまりメディアが実際の歴史を無視して自らに都合のよいおとぎ話をしているとき、メディアは私たちの態度に反応して行動しているに過ぎないのである。

こうした基本的観点をケネディ時代の高名な政治科学者ハンス・モーゲンソーが説明している。彼は厳格な「現実主義」派の創設者で、事実と具体的な権力関係だけに注目し、感情や幻想を一顧だにしないことで有名だった。モーゲンソーによれば実際の歴史とは「現実の濫用」にすぎない。「現実そのもの」が明らかになるのは「われわれの頭脳が省察する歴史の証拠」によってであり、そのふたつを混同するのは単純な論理的誤りである。(8) いったんこのことを理解しさえすれば、あらゆることに納得がいくはずだ。

ノーム

『LOOT』第一巻一〇号、一九九〇年一〇月

10　追伸「モイニハンの木馬に乗る」

一九九〇年九月六日
『LOOT』御中

今日は前回の手紙の追伸で、前回は国際連合がこれまでの子どもっぽい振る舞いをあらためアメリカ合州国の要望に（部分的に）迎合することによって、悪者から世界平和の使徒に奇跡的に変容したさまを追ってみた。そうした国連のかつての悪行には、アメリカとその顧客に国際法を遵守し他国の侵略や併合、一般市民への暴虐をやめるよう求めること、軍縮を提唱すること、それにアメリカ合州国がくりかえし安保理決議に拒否権を発動し、総会決議に単独か自分の息のかかった国とともに反対して自らののぞむ秩序を維持するよう仕向けること、こういったことが含まれるわけだ。

偽善がこれ以上ないほど進んだと考えていると、思わぬことが起きてそのような考えの甘さを暴露してしまうことがある。私が前の通信を書いた数日後、『ニューヨーク・タイムズ・マガジン』にジェームズ・トラウブがダニエル・パトリック・モイニハンにかんする記事を載せた。それによれば、モイニハンは国際法と国連のシステムを守ることの正しさを自ら証明することに「特別の喜びを見いだして」おり、そうした「煩瑣な事柄が彼にはとても重要だった」とトラウブは敬意をこめて書く。[1]結局のところあらゆる人が「モイニハンの木馬に乗る」ことになり、彼が長年信じてきた原則を無視できなくなったのだ。ついに「歴史が彼に追いつき」、正義はつねに勝つ、おとぎ話と同じで。

こうした賛辞が公表される以前からモイニハン上院議員は「国連のあらたな精神としての全員一致」を目撃する専門家証人として持ちあげられていた。[2]「過去においては国際法のあからさまな無視が横行していたけれども」とモイニハンは説明する、いまや「大国が共通の利害を持つようになったので国連の機能もうまく機能するようになってきた」。モイニハンのこうした国連機能にたいするお墨付きは最近出た本でも称賛されているが、『ニューヨーク・タイムズ・マガジン』のこの記事は国際法遵守と国連擁護につくした彼の勇気と正しさを讃美するあらたな頂点を画すものだ。

こうした話題であればモイニハンに話を聞くのはたしかに筋が通っている。彼はアメリカの国連大使として直接的な経験を持ち、自らの原則を試す多くの機会があったに相違ないからだ。「ニューヨーク・タイムズ」が自らの記録ファイルを調べてみたなら、そこには一九七六年一月二三日にモイニハンがヘンリー・キッシンジャーに送った電報が見つかっただろうが、そこでモイニハンは誇りとともに「めざましい進歩」をおさめた締めつけ戦術について、それが「自国の外交目標達成のために、これまで長きにわたり国際的舞台や外交関係一般においてわが国の反対勢力であった多くの新興国をふくめた膨大な数の国々に圧力をかけることに成功した」と報告している。[3]モイニハンがとくに誇らしげなのはイラクのクウェート侵攻と密接なかかわりのある二つの事件で、それがこの『ニューヨーク・タイムズ・マガジン』」記事の主要な話題でもある。ひとつはインドネシアによる東ティモール侵略、もうひとつはサハラ地域におけるモロッコの暴力行為だが、そのどちらにおいてもモイニハンは国連の対応をなし崩しにしたことを自慢する。どちらの軍事攻撃もアメリカ合州国によって支援されており、とくに前者は相当な熱意で肩入れが行なわれたものだ。

自分のところのファイルを調べるのがたいへんすぎるなら「ニューヨーク・タイムズ」は国際連合時代のモイニハンの自伝を見ることもできたはずだ(4)。そのなかで彼は一九七五年一二月のインドネシアによる東ティモール侵攻における自らの役割を正直に述べている。

アメリカ合州国は事態がなりゆきのまま進行するよう望んでおり、そのための方策を進めていた。アメリカ国務省としては国連がこの件で何をしようとそれが全く無益となることを欲していたのだ。その仕事を与えられたのが私で、それを私はものの見事にやりとげた。

モイニハンはつけくわえて数週間で六万人が殺され、それは「全人口の一〇パーセントにあたり、第二次世界大戦中のソ連の犠牲者の率に匹敵する」と書いている。彼が自分の達成に誇りを覚えるのもむべなるかなだ。

私たちはこの件についてこれ以上ここで述べる必要はないだろう。今日にいたるまでアメリカ合州国とその同盟国はインドネシアに軍事的・外交的支援を与え続けており、その暴虐はイラクのクウェート侵攻をお茶会に見せてしまうほどなのだが、メディアはこの件だけではないが見てみないふりをしている。私たちはまた一九九〇年九月一四日にポルトガル首相によってなされたアピール、すなわちインドネシアによる東ティモールの侵略と併合は、アメリカとサダム・フセインの恋愛関係を終了させたイラクのクウェート侵攻と同様許されるべきではないという声明にもこだわるまい。[5]この愚かなポルトガルの役人もまた世界秩序をめざす我が十字軍への「反対勢力」のひとつなのだから、これ以上コメントの必要もないわけだ。

アメリカ合州国の国連と国際法にたいする態度に関しては、当惑のあまり敷物の下に隠してしまう必要があることがいかに多いことか。パナマで、ニカラグアで、グレナダで、キプロスで、ナミビアで、レバノンで……ときりがない。しかし、これほどまでに率直かつあからさまに国連をないがしろにした自分の役割を回顧する人を、このようなアメリカの原則の英雄的な擁護者として選択するには本物の才能が要る。

しかるにこうした笑い話は継続中だ。「ニューヨーク・タイムズ」の国連特派員であるポール・ルイスの説明によれば、「ソヴィエト連邦がアメリカ合州国の敵と自動的に結託することをやめたおかげで、安全保障理事会は本来の機能を取り戻して世界の注目をあびるようになり、国々に平和裡に違いを解決するよう力を発揮しはじめた」という。[6]この「ニューヨーク・タイムズ」語をふつうの英語に翻訳すれば次のようになるだろう。ついにソヴィエト連邦がアメリカの同盟国を含む多数派と同調するようになったので、アメリカ合州国はほとんど単独で国際社会に反対して自分の唱導する原則を強制するために国連をないがしろにすることがなくなったのだ、と。

同日の「ニューヨーク・タイムズ」の編集子たちは国連がついに真面目になって「異端者たちを黙らせた」と「驚くべき様変わり」を感嘆して伝えている。さらに紙面はブッシュ大統領を「多方面外交と集団安全保障によって紛争を解決する新たな世界秩序」を創造する高貴な努力のゆえに称える。ブッシュとその前任者たち（もちろんつねに「ニューヨーク・タイムズ」の忠実なる援助のもとに）がそのようなことが絶対おきないように献身してきたことなどには一言も触れることなく。ブッシュが国連でイラクを「クウェートを侵略し、無実の市民を恐怖に落としいれ、外交官を捕虜にさえした」と非難し、重大な結果をまねくだろうと警告したとき、「ニューヨーク・タイムズ」の編集者たちはブッシュが「外交的解決」を提唱したと嘘を書いて彼の政治家としての技量を称賛したのだった。ブッシュはいかなる外交的解決策も明白かつ頑固に拒絶したのであり、アメリカの高官が「真剣」で「交渉可能」と考えたイラク側の条件をまったく考慮しなかった。そのことを「ニューヨーク・タイムズ」はリークで知らされながら、ブッシュ政権に忠実に隠蔽したのだった（のちにそのことが明らかになると小さな活字で譲歩したのであるが）(7)。

言うまでもないことだが、「ニューヨーク・タイムズ」の編集子諸兄はジョージ・ブッシュが雄弁にイラクを非難しているときに、アメリカ合州国とその顧客が邪魔して国連がなにもできなかった最近の他の事例に言及することはふさわしくないと考えたらしい。これは長年くりかえされてきたパターンだが、いまだに弊害が大きく過去の歴史として片付けてしまうことはできない。

「驚くべき様変わり」にもかかわらず、外交論説委員のトマス・フリードマンの警告するところでは、すべてがうまく行っているわけではないらしい。わが国の多くのパートナーたちはブッシュの作った大同盟に加入したのだが、それも「たまたま利害が一致したからに過ぎず、同様の倫理的目的を共有しているからではない」。したがって同盟は「もろいもの」で、他の不道徳な同盟国とは違ってまさに高邁な倫理的目的をかかげた「ワシントンの策略の余地」を限ってしまう、というのだ[8]。同様に「ボストン・グローブ」もゴルバチョフの進歩を称える一方で「フランス、日本、イスラエルあるいはエジプトなどとともにソ連の同盟国の貢献はロシア独特の国家的利害によって制限されている」と警告する[9]――崇高なること他の追随を許さぬ我が米国とは違って、ということを読者は理解すべきなのだろう。

「ボストン・グローブ」の編集子たちは楽観的に、ロシアならもっと先へ進めるのではないかと言う。「クレムリンが長年求めてきた中東における平和の使者としての役割を果たす日もそれほど遠くない」。おそらくロシア人もついに光を見いだして我らに同調し、世界の意見からはずれた我が孤立を救済し、アラブとイスラエルとの紛争の政治的解決などという余計な提案を放棄してくれるだろう。もちろんこの政治的解決はほぼ世界全体が長年願ってきたものなのだが、それをアメリカが徹底して邪魔してきたのだ。ロシアが我が米国に同調すれば彼らもついに「平和の使者」となって平和への道を塞いでくれるだろう。

もしメディアがすこし自分のことを顧みてくれたら、いったいどんな違いが生まれるだろうと考えてしまう。それはとても大きな違いとなるにちがいない。「ニューヨーク・タイムズ」が言うように、アメリカ合州国がほんとうに自らの歴史的使命を追及するという高貴な原則をまもってきて、いまやっと世界の他の国がそれに同盟してきたのだとしよう（もちろん他の国が同調してきたのは小ずるい動機のためで、アメリカのように倫理的目標があるわけではないが）。そうなるとかなり貧弱とはいえ、アメリカがなぜ以下のような行動を取るのかがわかってくる。あらゆる外交手段をないがしろにし、（英国をのぞく）その同盟国の訴えを拒絶し、国際法によって定められた平和的手段を探求するというイラク自身の民主的反対勢力も無視し、「交渉の余地はある」という国連事務総長ペレス・デ・クエリャの示唆もしりぞける。(10)さらにイラク軍が撤退したあとでクウェートで自由選挙を行なうという発想（それは「サダム・フセインの攻撃にほうびをあたえることになる」）とか他の同様におぞましい考えを一顧だにしない。こうした行動を支える論理はひとつだ――つねに遵守してきた高尚な原則を妥協してはならない。歴史の記録を押し隠してしまえば、このような米国の振る舞いがどうして生まれてきたのかがわからなくなってしまう。メディアがとっているようなシニカルな態度は私たちを罠にとらえ、破壊的で取りかえしのつかない行動に追いこむ危険があるのだ。

不一

ノーム

『LOOT』第一巻一一号、一九九〇年一一月

追伸への追伸、一九九二年一二月

「わたしはなんといっても第二次世界大戦世代なので国際法を無視しないようにと教えられて育っ

た。……［フレッチャー法律・外交専門学校で］レオ・グロスの下で勉強したわたしは国際法の秩序がアメリカの外交政策の根幹であり、これまでもそうであったとの判断をたたきこまれた。その後何年たってもわたしのこの考えが変わったことはない。たとえばインド大使であったとき、わたしはゴアにはけっして足を踏み入れなかった。アメリカ合州国は武力によって獲得した領土にたいする権利は認めないからだ。それこそが国連憲章がよって立つすべてでもある。好むと好まざるとにかかわらずそれこそが法なのだ。」（上院議員ダニエル・パトリック・モイニハン、投稿書簡、『ナショナル・インタレスト』誌、一九九二～九三年、冬号）

ここまで言われてはお手上げである、あきらめよう。

追伸への追伸への追伸

一九九三年一月

あきらめるのは止めた。自由な社会なるものがどのように動いているかを示唆するその後の動きを短く伝えよう。一九九三年一月一七日の「ニューヨーク・タイムズ週間レヴュー」にクレイグ・ウィトニーによる、かの有名な「新世界秩序」をめぐる重要な論説が「これまで以上に国連対策がアメリカの方針」という見出しで載っている。これは国連の不十分さを指摘した記事だが、ウィトニーは公正な判断力の持ち主らしく、「国連の失敗」の責任はその事務局のみに帰せられるべきではなく、「世界共同体全体の失敗でもある。そしてそれを正すにはアメリカ合州国の強力な指導力が不可欠である」と結んでいる。世界にとって「世界共同体」のすくなくとも一員が原則に忠実であるとはなんと幸いなことであろうか。

ウィトニーの論説は次のような歴史的背景の解説から始まっている。

第二次世界大戦後に創設された国際連合はその成員である大国が許すかぎりにおいて効力を持ちえてきた歴史がある。安全保障理事会においてソヴィエト連邦が歴史上ほとんどの時期においてアメリカ合州国に対立し、ほとんどの事例において国連が有効な手立てをとる妨げとなってきた。国連がなんらかの行動を取ることができた朝鮮戦争から湾岸戦争にいたる事例では、つねにアメリカ合州国が政治的にも軍事的にも強力に後押ししたがゆえに国連は活動できたのである。

こうした描き方がまったく正当なのは一九五〇年代までで、当時はアメリカ合州国の力があまりに強大だったので、ソヴィエト連邦と他の敵国を相手として国連を自らの外交政策の道具として自由に使うことができた。しかしこの状況は一九六〇年代には大きく変化した。さらに私たちに近い二十年間、七〇年代から九〇年代に目を向けると、アメリカ合州国は安保理決議を四十七回単独で拒絶、さらに十一回は英国と共同で、四回は英国、フランスとともに拒否権を発動している。英国は全部で二十六回拒否権を発動（十一回がアメリカと、四回がアメリカ、フランスと）、フランスは十一回（単独で七回）、ソヴィエト連邦が八回（一回は中国といっしょに）である。つまり八八回の拒否権発動のうち八十回が西洋諸国によるもので、そのうち七十三回が国連の守護者とされている米英両国によるもの、アメリカは通算六十二回も発動しているのだ。総会決議に関してはアメリカの孤立はさらに目立っている。もしアメリカの絶大な国力によって多くの案件が国連の議題になることを妨げられるようなことがなかったなら、アメリカによる国連軽視はさらに激しいものとなっていただろう。ソ連によるアフガニスタン侵攻はくりかえし激しい非難をあびたが、インドシナにおける米国の戦争を問題にすることで国連が自壊をのぞむなどということはありえなかった。レーガン時代のアメリカの国連攻撃も言うに及ばずで、資金の支払いを止めて破産寸前まで追いこんだり、第三世界に基礎をおくといってユネスコの組織を事実上破壊したり、アルゼンチンやエルサルバドルで拷問を行なっている友人たちの利益をそこなうからと国連人権活動を邪魔したりときりがない。さらにこうした国連軽視は湾岸戦争のころまで継続したのだが、それをメディアは押し隠しているのだ。第九信の注4で引いた著書『付帯的損害《コラテラル・ダメージ》』のなかの私の論考を見てほしい。

しかしウィトニーの最後の文は事実に曲がりなりにも近づいている。けれどもそれを理解するにはふたたび「タイムズ」語を英語に翻訳する必要がある。すなわち、国際法の強制者である国連を軽蔑するアメリカ合州国が存在するかぎり、アメリカが自らの利益のために行なおうとしている軍事その他の活動を国連は追認する（あるいは少なくともおおやけには反対しない）ために「行動する」ことができる、と。それ以外に国連ができるのは、米国が決定力を持つ力関係のなかでは大国の承認のもとに行動することだけである。

アメリカ合州国のメディアだけが自国の知的文化に巣くった独断的傾向をさぐる手段であると考え

るのは公平を欠く。北のカナダに目を転じれば、一九九三年一月七日の「トロント・グローブ・アンド・メイル」の社説が「国連による介入の要求」という見出しでいまや流行とも言える「人道的」介入について論じている。その著者の説明によれば、大国間の合意が人々を暴力の恐怖から保護するための介入を可能とするというのが国連のもともとの趣旨だったはずだが、「冷戦を考慮できなかったために安保理は米国とソ連（とくにソ連）が不都合と考える国連活動を拒否する場となってしまった」。しかし今やっと私たちは、エルサルバドルやグアテマラ、南アメリカの国々がナチスばりの将軍の下で苦しみ、インドネシアのスハルト政権が米国の全面的な支援のもとに何万という人々を虐殺し、南アフリカ、ローデシア、イスラエルといった国々の占領地で暴虐が継続しているにもかかわらず、なぜ「人道的介入」が行なわれないのか、その理由を知ることができるのである。

11　われらの「倫理目標意識」

一九九〇年一二月一〇日
『LOOT』御中

一二月七日、「汚名とともに生き続けるだろう日付」を記念してブッシュ政権は「エルサルバドル政府に四千八百十万ドルの軍事援助を行なう」ことを発表、旗振り役たちを魅了する「倫理目標意識」をふたたび見せてくれた。(1)この援助はほとんど一九九一年分の予算から引き出されるとのことなので、下院議会はそのうち一九九一年予算を維持するために新たな財源を見つけるよう迫られることになる。背景にあるのは一〇月一九日、下院で採決された五〇パーセントの軍事援助削減で、これはエルサルバドル政府が一年前（一九八九年一一月）にアメリカ合州国で訓練を受けたエリート兵団によって六人のイエズス会の指導的知識人が暗殺された事件の首謀者の調査と起訴を怠ったことにたいする抗議の意味があった。一二月七日に今回の援助が発表されると同時に、エルサルバドルの裁判所は暗殺事件の調査を終了してしまった。アルトゥーロ・リヴェラ・イ・ダマス大司教はこの決断によって「首謀者」は処罰を免れることになるだろうと指摘している。(2)

米国による支援が自ら選んだエルサルバドルの支配者たちに有利に働くことは今さらいわずと知れたことで、おかげで彼らは外国の主人に仕えながら自国の残骸の上に君臨し続けるのである。

「ニューヨーク・タイムズ」によるこの援助額増加に関する報道は、ブッシュ政権のプロパガンダに終始して、なんら評価を下そうとはしない。この報道によればホワイトハウスの決定は、ゲリラが新たなこれまでより強力な武器を使って反攻に及んできたことに対応するためとされ、そうした武器が「確かな証拠」はまだないが「まず間違いなくキューバかニカラグア、あるいは両方からもたらされた」ものという国務省の役人の言葉を伝える。この報道は二日後にリンゼイ・グルソンによってくりかえされたが、おなじみの色合いがつけられていた。「全体像としては」と同じ役人がつけくわえて言う、「民主主義が近づき紛争が終わりつつあると言える」のだが、エルサルバドルの反乱ゲリラたちは「現実に適応することがやや困難に見えているのだろう」。

「全体像」は合州国政府と「ニューヨーク・タイムズ」によって理解された現実を描いたものだが、たんなる好奇心からもうすこし探求を続けてみればどうなるか？　ファラブンド・マルティ民族解放戦線（FMLN）のほうではどう現実を見ているのだろう？　なぜFMLNは攻撃を行ない、武器はどこからやってくるのか？　虐殺を免れたイエズス会士たちはどう考えているか、また一般のエルサルバドルの人たちはどう事態を見ているのか？　こうした問いに興味をいだく人は合州国のメディア以外の場所に目を転じなくてはならない。

「ニューヨーク・タイムズ」の報道が事実として伝える内容は援助額の増加である。この点に限っても巧妙に隠蔽された興味深い事実があるのだ。一〇月に下院がエルサルバドルへの四千二百五十万ドルの軍事援助を凍結したとき、政府は反対したがそれほど声高にではなかった。なぜなのか？

ひとつのありうる答えを提供するのが、評価の高いグアテマラの『中央アメリカレポート』だ。(3) その報告によれば、八月二七日に国際通貨基金（ＩＭＦ）がエルサルバドルへの五千万ドルの貸付金を認めたという。アメリカ合州国下院とＩＭＦの決定を合わせればエルサルバドルへの援助は増加することになる。新しい援助額は以前のものより増加することになるだろうからだ。このＩＭＦローンは一九八二年七月以来はじめてで、そのときから合州国のこのテロ国家への資金援助は一気に増加している。アメリカの下院が援助額を制限しようとの採決をしたと同時に、ＩＭＦ（おおむねアメリカ合州国の影響と統制の下にある）が都合よくローンを再開したことになる。

理論的にはＩＭＦが提供するのは「経済的支援」であるが、親方が目をそらそうと思えばそのこともなんら問題ない。ＩＭＦの規定にしたがえばエルサルバドルへの貸付金は正当化するのが困難だが、レーガン政権時代にこの組織は（他の国際組織同様）なさけないほど政治的圧力に屈してしまい、厳密に「経済的」範疇で（経済の範疇も中立ではありえないが、それはまた別の問題だ）富裕な産業先進国の経済的議題をあつかう独立した機関としての信憑性を失ってしまったのである。

さらなる情報がワシントンの国際政策センターの一一月七日付けレポートに出ている。これはメディアにも配布されているものだが、まったく役に立っていないようだ。このセンターではＩＭＦのスタッフの報告書を入手して八月のＩＭＦによる決定とその意味に関する情報を提供する。五月三日エルサルバドルのクリスティアーニ大統領があらゆる経済的援助は「防衛目的のために」必要なだけ使われると発表、つまり経済援助は軍事援助だということだ。一〇月一三日アメリカ下院の採決がまだ行なわれていないときにクリスティアーニ政権の防衛大臣ポンス大佐が「政府は軍事予算への影響がでて軍隊の活動に支障をきたすことのないよう別の軍事資金源をさがす」と言明した。ポンスはこの「別の資金源」がすでにアメリカ政権のきたない手口によって確保されていたことを付け加えはしなかったが。

八月のＩＭＦの資金のうち三千二百万ドルがすでに支払われた段階で他の資金が流れ込んでいた、とセンターのレポートは続ける。九月、エルサルバドルは一億ドル以上の価値がある債務返済時期変更協定をみとめられ、別のローンを確保したも同然だった。ＩＭＦによればそれ自身の援助と（ＩＭＦの援助金の最大の資金源はアメリカ合州国の税金である）アメリカおよびその同盟国との二国間合意によるもののほかに、一九九〇年にはさまざまなソースから六千万ドルが予想され、その額は一九九一年には世界銀行からの四千万ドルのローンを合わせて一億ドルに膨れあがるはずだという。ヨーロッパ共同体からの貸付金は平和交渉の進展が条件になっているが、アメリカ合州国の支配下にあるＩＭＦのそれは何の制約もない。

米国のこうした行動はメディアによって暴露されることがないのでまったくのフリーハンドだ。私は「ボストン・グローブ」のニュース報道の最後のパラグラフに短い言及があった以外、以上の事実に言及した例を知らない。(4) かくしてアメリカの顧客国家は自分たちに都合のよい現実を作り上げ、ワシントン好みの「民主主義」を押し付けるという暗鬱な仕事に自由に精を出すことができるのである。

独立したメディアであれば先にあげた他の問いをも、米国のこの地域におけるひどい振る舞いを見れば徹底的に追及しようとするだろう。イエズス会士たちが暗殺されたときの主要メディアの大騒ぎからして、そのことから始めてもいい。ちなみに殺されたイエズス会士たちが言っていたことはきわめて示唆に富む内容だったのだが、それは合州国の人々には伝えられていない。彼らはイエズス会の知識人たちであったのだから、彼らを永久に葬る最良の方法はその発言を抑圧してしまうことで、関心のある読者なら容易に想像できるように、まさにそれこそが彼らの運命に一喜一憂した新聞や論者たちによって見事に実行されたことなのである。

生き残った者たちもほぼ同じような扱いを受けた。修道士たちが殺された場所である大学（UCA）で発行されているイエズス会の雑誌『プロセソ』によれば、「巨大で悪名高き共犯者たちの網」が虐殺の調査を妨げており、「防衛大臣と副大臣の机のなかとアメリカ大使館の壁の後ろ」に真相が隠されてしまったという。記事は「沈黙と隠蔽という陰謀」の証拠が列記されており、それは「今やアメリカ国務省のドアにまで迫りつつある」と述べている。アメリカ下院の援助金削減についてこの記事は、「ブッシュ政権は下院の採決に含まれていた条件を自在に利用し歪曲することができ、その膨大な資源を使ってエルサルバドル政府に以前と全く同じく軍事支援を与え続けている」という。さらに記事は続けて、「ブッシュ政権はこの十か月間で昨年までに使わなかった資金から一億ドル以上の軍事支援を送った」と推察し、八月から一〇月にかけてそのうちの五千万ドルが送られた証拠を挙げている[5]。

ここにもやる気のある報道機関には役に立つ情報がある。もし正しければこれらのレポートは暗殺の真相が隠される一方で、この恐るべき虐殺にたいする感情的な反応がまったく効果を及ぼさないように着々と手がうたれていたということを示唆する。

恐るべき虐殺ということを強調せねばならない。労働運動の指導者、人権活動家、学生、貧しい農民、その他の市井の人々は単なる獲物で、彼ら彼女らが殺されても軍事援助は削減されない。しかしエルサルバドルのイエズス会士たちはあまりに時代遅れで文明社会の約束事なるものをけっして理解しようとはしないだろう。サン・サルバドルで暗殺を悼んでひらかれたミサで（私の知るかぎり報道されていない）イエズス会の中央アメリカの長であるホセ・マリア・トヘイラ牧師は次のように述べた。「現在先進国から表明されている連帯はそれがイエズス会だけに向けられているかぎり本物とはいえない……疎外と貧困と不正義とが多くの貧しい人々を苦しめ続けているのであるから(6)」。

ここに耳を傾けるべきメッセージがあるのでは？

ＦＭＬＮがどのように現実を見ているかも掘り起こすことは不可能ではなく、たとえば一九九〇年九月二四日の「国民に告げる」のなかで彼らは、「軍事主義の終焉、あらたな社会的・経済的秩序、国家の民主化と主権の回復、それに独立した外交政策」を呼びかけており、このすべてがかなり詳細に説明されている。また「平和のための国民会議」という教会の呼びかけで集まったエルサルバドルの平和団体の集合体の公表記録を発見することもそれほど難しいわけではない。こうした記録はエルサルバドルの人々が現実をどのように見ているかについて多くを私たちに教えてくれる。この会議の参加者は社会の広範な層から来ているがほぼ全員一致で「アメリカ合州国によるエルサルバドルにたいする膨大な内政干渉」を非難しており、さらには米国の軍事援助をいかなる形式でも拒絶し、国家と社会への軍事介入が「独裁者と支配層を利して北アメリカの利益に寄与するだけ」でその結果この国は「国際資本の利益に従属してしまう」などと述べられている。私たちがエルサルバドルの肌の茶色い兄弟たちにどれだけの関心を抱いているかが、こうした優れたレポートを注目することによって証明されるはずなのだが、この文書はワシントンではいつでも見れるにもかかわらず、「自由な新聞」にはことごとく無視されているのである。(7)

『中央アメリカレポート』がさらにこれまで探られてこなかった問いにかんする情報を与えてくれる。コスタリカ政府は一九九〇年の夏じゅう、自国を通過する武器の量が増大したと報告している――「これらほとんどの出自はコントラの余った武器であると信じられており、それが国連に引き渡されることなく、コロンビアとエルサルバドルに送られているのだ」。この雑誌はまたエルサルバドルの社会主義指導者エクトル・オキエリとグアテマラの弁護士ヒルダ・フローレスが一九九〇年一月一二日にグアテマラで暗殺された事件を社会主義インターナショナルが調査した結果を伝えている。この調査を担当したのはアメリカン大学のトム・ファラーとロバート・ゴールドマンで、彼らを殺したのはエルサルバドルの右翼で、その目的はおそらく平和交渉を妨害するためであると結論されている。メキシコの主要日刊紙はさらにクリスティアーニ大統領の諜報部員がげんざいニカラグアで活動中で、そのことは武器を持ち何人かは制服に身を包んだ男たちがマナグアにある「キリスト教世界教会派礼拝堂団体」という「エルサルバドルからの亡命宗教組織の事務所を襲い捜索した最近の事件からも明らか」であるという。(8)

これらがアメリカ合州国がこの地域に「民主主義」を広めようとして起きている現実のいくつかだ。サンディニスタの犯罪のひとつとしてあげられるのは、ニカラグアを作家や人権活動家、宗教者、貧農といった人々の避難所として提供していることである。彼ら彼女らは死の軍団が提供する民主主義なるものを逃れてきた人たちなのだ、ちょうど五十年前にフランスがファシズム・テロの犠牲者をかくまったように。しかしアメリカ合州国が「現実に適応する」ためにこうした邪魔を排除しようとするだろうことはまず間違いないだろう。

この地域でおかされた犯罪はまだまだ根絶やしになっておらず、キリスト教教会の一部が「貧困者を優遇する」ことによって根付きだした草の根組織が広がるにつれて、米国によるテロ活動も激しさを増す。そうしたテロによって金持ちのための伝統的でより満足のいく優遇措置が回復されるのだが、こうした草の根の試みを根絶するのは容易ではなく、それが民主主義と正義とを脅かし続けるというわけだ。ニカラグアでは国民野党連合（UNO）の政府がけっきょくアメリカの言いなりにならず、米国が好むほど残酷でも厳格でもない。またこの政府は自国に戻ってきた亡命者とかソモザ派といった伝統的な富裕階級の利益を十分に考慮していない。さらに約束済みの雀の涙ほどの援助金を渡さないといったアメリカの圧力にもかかわらず、UNO政府は過去十年間の「不法な武力使用」と非合法な経済制裁によってアメリカ合州国がひきおこした膨大な災害を補償すべしとの国際司法裁判所の裁定をいまだにあきらめていないのだ。もちろんアメリカは国際司法裁判所の判断などに従う気など毛頭ないのだが、昨今の国際法遵守の風潮では喉に引っかかった骨のようにいらだたしいわけで、よってまだまだやらなくてはならないことがたくさんあるというわけである(9)。

たしかにどうやらそれが行なわれつつあるようだ。人々の関心は湾岸地域に向いているが、国家の方は多くの目と多くの多忙な手を持っているから、今が暴かれずに目的を達する好機である（暴かれたところで大したことにはならないだろう）。ここで述べてきたエルサルバドルにおけるペテンがいい例だ。

状況証拠からするとどうやらニカラグアでもチャモロ政権を追い出してもっと従順で悪辣なお客さんに変えてしまおうという計画が進行中らしい。そうすれば一九七九年にソモザが政権を保てなくなった後でカーター政権が試みて失敗したように公安軍をアメリカの支配下に置ける。これが第二次世界大戦後からずっとアメリカ合州国の外交政策の基本原則であり、国内の記録からあきらかなように、つねに暴力の手段はアメリカとその顧客の手中にあって、「現実に適応」しないような試みはすべからく根絶されることがくりかえし実践されてきたのだ。たぶん十年後にはどこかの意欲のあるジャーナリストが、「暗黒の勢力」が昨今の不安と無秩序を利用しているとのヴィオレッタ・チャモロ大統領と内務大臣カルロス・フルタドの声明に大いなる真実を見出すことだろう。わが国のまずしい報道が伝えるようにヴィルギリオ・ゴドイ［訳注：ニカラグアの副大統領］だけにとどまることなく、もっと伝統的で力強い勢力がそこにはうごめいているのだから。(10)

不一

ノーム

『LOOT』第二巻一号、一九九一年一月

12 「われら人民」

一九九〇年一二月三〇日
『LOOT』御中

有権者が――少なくともそのうちの幾人かは――投票に行った一一月六日、「ニューヨーク・タイムズ」は選挙に関する二つの記事を第一面に掲載した。

はじめの記事ではマイケル・オレスケスが次のように伝えている。「それが近代以降でまれに見るほどおかしな中間選挙シーズンであったことは誰もが一致するところだ……有権者は落ち着きを失って政治家に食ってかかる機会を見つけようとし、ペルシャ湾での戦争と国内の景気後退を憂慮するばかりだったのだから」。副見出しには「低い予想投票率」、「二つの潮流に流される有権者――変化への願望と戦争および不況への恐れ」とある。有権者の雰囲気は政府と政治システム全体にたいする不満と怒りであるというのだ。

二番目の記事はR・W・アップルによるもので、見出しは「戦争の暗雲、雷は不在。銃が沈黙すれば、候補者もおとなしい」とある。アップルは次のように記して文章を始める。「二年前の大統領選挙はソヴィエト連邦が急速に西側への脅威でなくなり、世界秩序が急激に変化する時代に行なわれたが、アメリカ合州国が何をなすべきかという議論はほとんどなかった。今年の中間選挙はペルシャ湾での戦争が脅威となりつつあるときに実施されたわけだが、今度もこうした国の直面する重大な外交問題がアメリカ合州国が何をなすべきかについての議論を誘発することはなかった」。てっとり早く言えば、以前と同様、選挙活動は国家が直面するもっとも重要な問題、すなわち戦争と不況、とくに前者は第二次世界大戦以降もっとも深刻な危機であるにもかかわらず、そうした問題を回避したというわけだ。米国は英国という例外を除けばほぼ単独で戦争へと突き進もうとしていたわけであり、それは破滅的な結果をもたらす可能性があるのだが、それは選挙戦ではまったく論題とならず、過去のパターンが繰り返されるだけだった。

今回の選挙をめぐる第一面のまとめ記事でアップルは、「有権者のうちたった三分の一が投票したにすぎず」、彼らは「政治にいつもどおり不満を抱いており」、それが政府にたいする反感となったのだと観察するのだが、それも選択が有権者に開かれたものである限りにおいてである[1]。アップルは政策問題がなぜ(いつもどおり)避けられ、その結果有権者の選択肢が限られてしまったことの理由を問おうとはせず、またこうした状態の継続にメディアが果たしている役割を問題にしていない。

この二つの選挙にあわせた記事はつぎのような仮説を前提としている。すなわち、ふたつの問題には関係がある、一方に有権者の不満と怒りがあり、他方に重要な問いを回避する候補者がいて、この二つのあいだに切り離せない関係があるという。納得のいく仮説として、人々の怒りは政治システムが機能しないことに起因するということが言えるかもしれない。つまり有権者は自分たちにとって重要な問題に自らの意見が認められていないことを怒っているのだ、と。アメリカの政治史、とくに最近のそれを一瞥すれば、この仮説がうなづける。人々はますます政治機構から疎外され、他の組織についてもシニカルになってきたが、その一方で七〇年代から八〇年代にかけて通常の政治的回路をはずれたところでの市民活動が増えてきたからだ。重要な問題が選挙の議題や政治論議からはずされ、政治的な文化一般と遊離するいっぽう、政治がエリート層の好みというきわめて狭いその時々の判断に限定されている、これが一九九〇年とそれ以前の選挙について新聞がとりあげる「ビッグストーリー」というわけである。

すでに当たり前のことだが、この国にはひとつの政党しかない。つまり企業のための党で、それがふたつの分派にわかれているだけだ。投資者がどのような派閥を作るかが政治のありさまをほぼ決定する。労働組合のような民衆組織が一般の人々に政治のプログラムや政策の選択に影響を与える役割を与えてもよさそうなものだが、それらはほとんど機能していない。イデオロギーのシステムが特権層の合意によってしっかりと枠付けられているからだ。下院議会選挙では現職議員がほぼ全員当選するし、大統領選挙でなんらかの重要な議題が提起されることはまずない。公表される綱領なるものも票を集める手段にすぎず、どの候補者もPR参謀の示唆にしたがって有権者に聞こえのいいメッセージを発信する。こうしたことが政治システムの空洞化とそれに参加する者たちの意欲低下を招いているのである。政治評論家が考えることといえば、レーガンが演説を暗記しているかとか、モンデールのイメージが暗すぎるとか、デュカキスがジョージ・ブッシュの演説を作文した者たちの攻撃をかわせるかとか、そんなことばかりだ。一九八四年の選挙ではこの二つの分派がそれぞれの伝統的な立場を交換したといってもいいぐらいで、共和党がケインズ的な成長と経済への国家介入を唱えれば、民主党は予算に関する保守主義を標榜するといった具合だったのだが、だれもそんなことは気にも留めなかった。人口の半分が投票などにまったく関心がなく、また投票しようとする人々もしばしば自分の利益に反する行動を意識的に取ってしまっているのである。

一般の人々が認められているのはすでにどこかで決定されたことを承認する機会だけである。彼らは象徴的な政治という一種のゲームのなかの登場人物からひとりを選ぶのだが、ゲームだから彼女らはよほどナイーヴな人でないかぎり真面目にやらないし、ほんとうに真面目にやろうとすれば事情通から馬鹿にされるのがオチだ。ブッシュ大統領が税金は上げないと何度も約束したにもかかわらず「歳入の改善」を求めていることにたいする批判は「貧しい政治の一手である」と書くのは、ハーヴァード大学の政治科学者でメディア学が専門のマーティ・リンスキーだが、その記事の見出しには「選挙公約――破られるためのもの」とある。ブッシュが選挙期間中に「私の唇を読めば――増税なし」の合唱で人々を引き寄せたとき、彼はただ自らの「世界観」を披露していたにすぎず「希望を表明していた」だけなのだ。ブッシュが新たな税を設けないと約束していると思った人は「選挙と統治が別のゲームで、目的も規則も違う」ということを理解していない。「選挙の目的は勝つことだ」とリンスキーは本当のことを言う、民主主義にたいするエリートらしい真底からのさげすみをあらわにしながらだが。そして「統治の目的は国のために最良のことをすることだ」と彼は付け加えて礼儀にかなった幻想を振りまいておくことは忘れない(2)。

この国に巣くうこのような反民主主義的な傾向はレーガン時代に加速する。人々は総じてレーガン政権の政策には反対で、一九八四年選挙の出口調査では約三対二の比率でその方策が実現しないよう望む有権者のほうが多かった。一九八〇年の選挙ではレーガンを「本物の保守主義者」と見なして投票した有権者は四パーセントにすぎず、その割合は一九八四年には一パーセントにまで下ったわけで、それが「保守主義の地すべり的勝利」という政治的レトリックの内実なのだ。さらに見かけはどうあろうともレーガンの人気はいつの時代もとくに高かったとはけっして言えず、国民の多くは彼がメディアによって作られた虚像であり、政府の政策に対するレーガン自身の理解度の低さもわかっていたと考えられる(3)。

こうした事実が今になって暗黙のうちに了解されつつあることは注目していい。「偉大なる意思伝達者」というシンボルが役に立たなくなったと見るや、メディアはおもむろに彼を見捨てたのである。レーガンが推進したという「革命」なるものが表面を支配した八年が過ぎさってみれば、それを主導したとされる者の思想など誰も問おうとしないのが当然で、なぜなら彼にはそんなものがなかったことがすでに理解されているからで、その理解はレーガンの在任当時も変わらなかったのだ。レーガンが日本にベテラン政治家として招待されたとき、日本側のホストがびっくりしたのは――大層なギャラを考えればさぞ困ったことだろう――彼が記者会見もまともにできず、何を話題にされてもきちんとした話さえできなかったことだ。神秘的な西洋人の心の働きを理解できない日本人は、アメリカのメディアがこの卓越した人物について報道していたことをすべて真に受けていたのか、と日本側の困惑を面白がって伝えた合州国の新聞さえあったくらいである。

メディアと知識人のコミュニティがいっしょになって維持してきたこの虚像のありようはひろく適

用可能な考察の材料となるだろう。国家が主導する資本主義的民主主義は権力がどこに存するべきかという点においてある種の緊張を抱えている。原則としては人民が支配するのだが、実質は特定の個人に権力が集中し、社会秩序全般にわたって影響を及ぼす。この緊張を減退させるひとつの方法は、公衆を形式上だけ主人公にすえておいて、実際には公的場から排除することだ。レーガン現象が実現したのはこの資本主義的民主主義の基本にある目標を達成する新たな方法を提供したことである。実質的業務をつかさどる官僚組織がPR産業によって作り出された象徴的個人におきかえられ、その個人が一定の儀式を執り行なうことで、儀礼の場に登場したり、訪問者を迎えたり、政府の声明を読み上げたりする。レーガンはしばしばマーガレット・サッチャーのアメリカ版と言われるが、より似ているのは英国女王で彼女もこうした機能を果たし、英国議会で政府の綱領を読みあげたりもする。だれも彼女がそれを信じているのかとか、理解しているかなどとは問わない。この「偉大なる意思伝達者」にしても同じことで、この事実は八年間というもの注意深く隠されてはきたが、いまや虚像もはげおちた。まあ「ウォール・ストリート・ジャーナル」のような真の臣下だけはいまだにそれにしがみついているようだが。

選挙を女王のまがい物選びにまでおとしめてしまうこと、これが大衆を周縁化するための大きな一歩となる。もっとも進化した資本主義的民主主義国家としてアメリカ合州国は、国内の敵をコントロールする手段をあみだしてきたが、こうした最新の方策は適当な時期が来ればまた使われるだろうし、他の国でも時間は多少遅れても真似されていくことだろう。

このような傾向は民主主義の理念とまったく合致しており、メディアの構造的役割を説明する民主主義の理論家たちの多くに支持されてきたものだ。一七世紀に英国で最初の近代的民主主義革命が起きて以来、「愚昧な大衆」がまじめな事柄に首を突っ込まないようにする手段が見出されなくてはならないとする知的議論がさかんに行なわれてきた(4)。現代アメリカのジャーナリズムの泰斗とされるウォルター・リップマンは進歩的な民主主義理論家としてこの基本的発想を次のように整理している。「公衆はみずからの場所をわきまえねばならず」、それによって我々は「戸惑う家畜の群れの叫びや暴走から解放されて活動できる」。もし彼らを力で制圧できないならば、その思想を効果的にコントロールする必要がある。つまり強制力を持たない権力が基本的目標を達成するには教化とすりこみを使うしかないのだ。いわゆる「保守派」というのは有象無象を手なづけることにより極端な献身をしめす一派にすぎない。リップマンはさらにすすめて近代民主主義におけるふたつの政治的役割を区別する。まず「特別階級」に割り当てられた役割があって、彼らは「内部者《インサイダー》」、「責任ある男たち」として情報にアクセスし理解力にすぐれる。これら「公的立場にある男たち」が「健全な世論の形成」に責任を負い、「彼らが開始し、管理し、解決する」のであるから、「無知で邪魔な部外者」であって「問題に実質」をあつかう能力を欠いている一般大衆から保護されねばならない。大学で研究されている社会科学や政治評論家は色々と難しいことを言うにしても、つまるところこの外部の邪魔者から守られた特別階級こそがいわゆる「国家の利益」の奉仕者なのである。

　ここにはなるほど言わずもがなの前提がある。「公的立場にある男たち」が権力に近接し、私企業の利益に奉仕するかぎりにおいて「専門家」となるという。リップマンは「責任ある男」であった一方、ユージン・デブスは監獄にいたわけだが、その境遇の違いは彼らの活動と価値観の違いを反映しているだけである。こうした当然の事実は自由な社会ならば小学校でも議論されるはずだが隠蔽されねばならず、万が一あきらかになってしまったら憤激とともに否定されなければならない、さもなければあまりに多くの現実があからさまになってしまうからだ。「公的立場にある男たち」自身はあらゆる自己反省から自由でなければならず、そうしてはじめて彼らは自分の責任を果たすことができ、自らの仕事を遂行できるというわけである。

適正に機能している民主主義において満たされるべき最初の役割はつまり「責任ある男たち」のそれであって、私的権力（「国家の利益」）のために公的問題を管理することだ。第二の役割は公衆のそれであって、それはずっと限られたものだ。リップマンによればある問題に「内在する価値を判断し」分析したり解決策を提示したりするのは「公衆の責務」ではなく、ときに「選挙」と呼ばれているこ とがあるときに「責任ある男たち」の役に立てるよう「自分の力を提供する」ことだけしていればよい。公衆は「判断も探求も発明も説得も交渉も解決も」しない。むしろ「公衆は代表者として活動してくれる誰かの応援者として自分を位置づけるだけでよく、それが冷静かつ公平に目前の問題を考えるときの正しい態度である。暴走して叫び声をあげる戸惑う家畜の群れにも「機能はある」のであって、それは「指導者たちの行動に興味を持つ観客」としてのそれで参加者としてのそれではない。参加とは「責任ある男たち」の義務であって、彼らだけが秩序を維持することを知っているのである。

こうした目的に奉仕することが厳粛な義務となるのだから、大衆の気をまぎらわしたりその関心を統制したりすることを批判するのは公正ではない。それこそが、我らの民主的システムを自分たちとは何の関係もない事柄に首をつっこんで邪魔をする無知蒙昧な輩どもから守ることなのだから。我らの「民主主義への渇望」という物語が求めるのはまさにそれなのだ。

新聞がこうした物語を載せるとき、私たちはそれを教化の手段ではなく啓蒙の手段とすべきだろう。しかしこのような物語に根本的に対抗するには、現存の権力と支配も構造を転覆するような真に民主的で自由な理想に向かって努力するより広範な運動が必要となるだろう。

不一

ノーム

『LOOT』第二巻三号、一九九一年三月

13　平和をもたらす

一九九一年四月一二日
『LOOT』御中

「この戦争が終われば」とジョージ・ブッシュは一月に言った、「アメリカ合州国はその信用と信頼を回復して、中東の他の場所に平和をもたらす指導的役割を演じることになるだろう」。戦争が終わるとジェームズ・ベーカーは即座にこの地域に飛び、イスラエルやアラブの同盟者たちに会った。湾岸地域の原油生産を管理する六ヵ国の家族経営の独裁者たち、シリアとエジプトを支配する血に飢えた暴君といった面々だ。「画期的な出来事として」これらの支配者たちは「中東にたいするブッシュ大統領の枠組みに大枠で承認した」と「ニューヨーク・タイムズ」の外交問題論説主幹であるトマス・フリードマンはおおげさな口調で書いている(1)。

いつもはブッシュに批判的な者たちも感心したらしく、アンソニー・ルイスは大統領が「権力の絶頂にあり」、「中東の和平プロセスというあの仮説上の生き物に光を吹きこみたいのだということを明らかにした」のである。ヘレナ・コバンは「アラブ・イスラエル紛争に終止符を打つときがきた」という「権力の頂点にあるアメリカの大統領が真剣にのべた」言葉であるブッシュの声明に「大いなる啓示」を受け、それが「中東の平和構築にむけた彼のひろい視野」の一部を示すものだという。ジョン・ジュディスは国務長官ジェームズ・ベーカーを平和への希望とほめちぎり、「多方向の外交的解決を代表する」ハトとして「アメリカ合州国にはイスラエル・パレスチナ紛争を解決する責務があることを強調した」のだという。(2)

「ニューヨーク・タイムズ」の編集者たちは「平和への稀有な窓を見た」と書く。「PLOがイラクでおかした過ちのおかげで」パレスチナ人のあいだにも「受け入れ可能な交渉相手が見つかりそうで」、「イスラエルとパレスチナの代表とのあいだでの直接交渉」が実現するかもしれない。ここで「代表」というのは「我々に受けいれられる」という意味の暗号だが。同様のオーウェル風言語で「ワシントン・ポスト」の編集者たちもイスラエルとアラブ国家との話し合いのほうが「準備不足で非実際的な国際会議」よりも好ましく、「パレスチナ人が代表と信頼できるスポークスマンを設定できるのならこの地域での発言権も認められる、そのための最良の方法である」と言う。「ウォール・ストリート・ジャーナル」が声高に言うところでは「解決を望むブッシュ」、それにたいして「PLOの指導者も同様に解決を望むべきだ」となる。(3)

数週間前に「ロサンジェルス・タイムズ」の編集者たちがパレスチナ人たちに勧告して言うには、彼らにとってはたとえヤサ・アラファトが「心からの選択」だとしてもアラファトよりも「もっとまともな行動を取らなくてはならなくなるだろう」し、「和解を犠牲にして妥協を排した独善に陥りやすく、しばしば暗殺という手段を用いてパレスチナ内の穏健な反対派を黙らせてきた指導者」を捨てなくてはならないと述べる。次の日イスラエルがまたもパレスチナとアラブの対話をすすめようとするアラブの指導的人物マムドゥー・アル＝アカーを逮捕し、通例のごとく拷問して一ヵ月も弁護士をつけなかった。これが長年にわたって都合のよい作り話によって抑圧されてきた「穏健な反対派の声」の実状であり、そうした創作のひとつが「妥協を排した独善」という物語で、実際にはそのような「独善的指導者」のほうがアメリカのメディアが共謀する対話拒絶姿勢よりもずっと政治解決という国際的合意のほうに近い位置に長年いるのである。(4)

平和をめぐるアメリカの新聞のこうした楽観的な論調にもかかわらず、いくつかの問題が残っていることは明らかだ。「画期的な出来事」を称賛したあとでトマス・フリードマンは次のように付け加える。「アラブの大臣たちはベーカー長官とひとつ重要な細部であきらかに違う立場をとった。すなわちどのようにしてイスラエルと平和をきずくかという点において」。アラブ側の主張は「国連の後ろ盾によって国際会議を開催すること」であり、いっぽう「ベーカー長官は今回の場合、国際会議はふさわしくないと主張した」。「パレスチナ・イスラエル紛争のような二次的な問題に関してアラブ諸国はいまだにアラブ人というもっとも下位の共通分母の安全を優先している――すくなくとも今のところは」。この問題が「二次的」なのはアメリカから見たときで、それもイスラエルには都合がいい。

この「画期的な出来事」のあとで発表されたアラブ側の公式の声明はもうひとつの「細部」を明らかにしており、これにはコメントがついていない。それはアラブの同盟国が一九七八年三月の「安全保障理事会決議四二五を完全かつ無条件に履行することを要求する」というもので、イスラエルがレバノンから即座に無条件に撤退することを求めた決議案の最初のものである。この要求は一九九一年二月にレバノン政府によって新たになされており、通例のごとく拒絶される一方で、イスラエルとその息のかかった者たちが南レバノンの占領地をテロ攻撃し、他の場所を自在に爆撃することが続いているのである(5)。

新聞が描くのとは異なる現実の世界では、アラブの同盟国にも国際会議を求める同志がいる。たとえば国連がそうだ。一九七六年の一月以来国連安全保障理事会は合州国の拒否権によって「完全に無効化」されてきた(この重要な案件でつねに拒否票を投じてきた国際法の守護者を自他ともに任じる御仁の言葉をかりれば)。しかしこの案件はくりかえし総会にもとりあげられ、いちばん最近は一九九〇年一二月の年次総会でも議決されてそうした国際会議を求める議案が一四四対二で可決された(反対はアメリカ合州国とイスラエル)。その前の総会でも一五一対三で(反対はアメリカ、イスラエル、ドミニカ)で国連決議二四二号を実現し、パレスチナの「自己決定権」を保証するための国際会議開催を求める議案を可決した(6)。これらの議決は一九七六年一月のアラブ諸国とPLOによる提案を再認するもので、ヨーロッパもソヴィエト連邦もアラブ諸国もPLOも長年そのような政治解決の方向で一致している。しかしアメリカ合州国はそれを許さず、そうした事実はまったく受けいれがたいものとして歴史から消去されているのだ(7)。

二十年間というもの米国がイスラエルの拒否を応援してきたために、和平プロセスは「仮説上の生き物」に留まっているのであり、そうした事実はあってはならないがゆえに表明できない。いかなる国際会議もアメリカにとって受け入れられないのは、第一に会議の参加者が先住の人々の「自己決定権」を支持するからだが、さらに根本的なことは参加者が存在するからなのだ。このような国際会議の性格は、モンロー主義が第二次世界大戦後世界の主要資源供給地に拡大されることによって形成された、中東はアメリカの庭であるという基本概念に反する。こうした単純かつ十分な理由によっていかなる国際会議も「非現実的」で「ふさわしくない」のである。[8]

記者や編集者たちの多くは合州国のことばかりにとらわれて基本的な事実に気がついていないのかもしれないが、トマス・フリードマンでさえもこのきわめて便利な無知を共有しているとは驚きだ。とくに彼のエルサレム特派員としての活動があきらかに意識的に事実を隠蔽することで際だっていたことを考えれば。

フリードマンはワシントンの政府が平和会談をアメリカ合州国とソヴィエト連邦が主催する「儀式的な開幕『イベント』」ではじめるという案を考慮中だという。イスラエル首相イツァーク・シャミールもこのほうが「結末のわからないイスラエルに不利な国際会議」よりもいいと考えるだろう。[9] ジョン・ジュディスもこうした平和への工作にベーカーの恵み深い関与を指摘する。

しかし現実は、ワシントンがソヴィエト連邦にこの儀式的「イベント」を共催することを許可するのは現在の状況からしてソ連がアメリカの言いなりになるしかないという判断の下である。キッシンジャーが何年も前に警告したようにヨーロッパと日本はこうした外交に参加させてはならず、(英国をのぞけば)これらの国々は中東に関して独立した思惑を持ちすぎている。ヨーロッパ共同体の首長と中東問題をあつかうその部局が近ごろ再表明したところによれば、ECの立場は一連の国連決議に尽くされており、「外部の勢力がイスラエルをまたも見逃すようなことがあってはならず」、イスラエルがレバノンと占領地から撤退し、シリアとゴラン高原(安全保障理事会および一四九対一で可決された総会決議に反して併合された）をめぐる紛争の解決に至ることを要求している。しかしながらメディアの認識によれば、ＥＣは外交交渉において今後重要な役割を果たすことはなく、いまやようやく中東問題はアメリカ合州国の独占領域となったのである。[10]

自分たちに都合のよい仕方でメディアはこうした現実を認識する。「ニューヨーク・タイムズ」の指摘によれば、イスラエルのシャミール・プランを認めるのはアメリカ合州国だけだが（ジョエル・ブリンクリー）、同紙の中東特派員アラン・コーウェルは「ソヴィエト連邦がアメリカとの対決政策をあらため、いまやワシントンとの協調へとこの地域の外交政策を転換してきた」と希望をこめて「ソ連が中東でチームに加わる試み」という見出しで述べる。このような「対決姿勢」からの転換がソ連を「中東が以降の主流に近づける」と説明されるのだ。[11]

タイムズ流言語からの翻訳を試みれば、ソ連が孤立無援状態のアメリカ合州国に同調することによって「主流」の「チームに加わる」わけだが、この「チーム」とはアメリカ合州国のことで、「主流」はその「チーム」が占める位置のこと、そして「平和交渉」とはその「チーム」がやっていることとなる。翻訳終わり。

一九八九年の終わり以来、公式の「和平プロセス」とはベーカー・プランのことで、それはベーカーがはっきりと明言しているように、シャミールのプランと同じものだ。というかより正確にはペレスとシャミールのプランで、労働党とリクードというイスラエルのふたつの主要政党の合同案がそれである。パレスチナ側ができることはＰＬＯ排除のもとにこのプランの様式について議論することだけである、とベーカーははっきり言っている。現在のプロパガンダの主調は次のようなものだ。「パレスチナ人は湾岸戦争時イラクを支持し、イスラエルへのそのミサイル攻撃を容認したので、ベーカー長官はその答えとしてＰＬＯを対話から排除し続けている」（フリードマン）[12]。フリードマンなら知っているはずだが、ベーカーの条件のすべては湾岸戦争以前に公式の政策として明らかになっていたものばかりであるし、事実一九八九年秋にベーカーがあらゆる努力を払ってサダム・フセインに援助がいくよう試みていたまさにその時期にこの政策も策定されていたのである[13]。

ベーカー／シャミール／ペレス・プランには三つの基本的前提がある。まず、ヨルダンがすでにそうなのだが、「それにくわえてこれ以上パレスチナ国家があってはならないこと」。パレスチナ人の自己決定権は問題にならない、たとえ馬鹿で無責任な世界がどのように考えようとも。第二にＰＬＯ排除。パレスチナ人は彼らのために用意された条件つき降伏にサインするのに自らの代表を選ぶことがあってはならない。三番め、イスラエルの「政府の基本方針に沿わないようなユダヤ、サマリア、ガザの地位変更があってはならず」、パレスチナ人の国家・民族としての権利は無視される。このプランにしたがえばこの前提のもとに「自由な選挙」が催されるが、それはイスラエルの軍事占領の下、パレスチナの指導層がときに起訴もされず、ときに笑止千万な軍事法廷での「裁判」によって拘禁されたままで行なわれる。その結果は、イスラエルの官僚たちが明言しているように、パレスチナ側にはナブルスでの地方税率の設定が許され、ラマラでゴミ集めをしてもよい。かの「人間的尊厳のシンボル」たるイスラエル以外のどこかの国家がこのようなことを提案したなら、それは嘲りにさえ値しないだろう。

アメリカ合州国の論者たちとは異なり、エジプトで発行されている政府寄り新聞は、ブッシュとベーカーのレトリックにほとんど「啓示」など見出せないようだ。エジプトが抱いていた希望はすべて伝統的なアメリカ式拒絶に終始した一九九一年三月のベーカーの訪問でついえたからだ。[14] 最初から楽観を許すような根拠はなかったと言うべきだろう、つねに実効性のある和平プロセスを邪魔してきた大国アメリカが、いまや「われわれの言うとおりにすべてが動くのだ」とのたまうのだから。ちなみにこの言葉をブッシュが述べたのは、彼が「尊崇すべき高みに到達した」とされたたった数日後である。

リップマンが言う意味で「責任ある男たち」の中心的責務は、意見の限界を明確に定めることだ。一方の極にイツァーク・シャミールが主張するような、国連決議二四二号の「平和の地」条項はすべて達成されたとする立場がある。他方の極には野党である労働党がよって立つような労働党のアロン・プランに沿った考え方、すなわちイスラエルによる「領土的妥協」に利点があると考え、有益な土地と資源を支配下に置きながらアラブ人の面倒はほとんど見ないという立場がある。アメリカ合州国は正直な仲介者としてたんに平和と正義をめざしているだけであり、トマス・フリードマンの言い方にしたがえば、「アラブ諸国とイスラエルが平和会議に参加するための諸条件」として提示しているものの中間の道をたどろうとしているというわけだ。[15] 世界はもう長年「チームに加わる」ことを拒絶しているのだから、この子どもらしい幻想について報告する必要もなかろうということになる。

ここで役に立つのは何人か「良きアラブ人」を選んで、彼らに米国政府とメディアとの連合が占めている位置を取ってもらい、そこからいつもどおりの効果を生み出すことだ。そこでフリードマン流の歴史によれば、一九七七年エルサレムでサダト大統領は「イスラエルがシナイ砂漠から完全撤退する見返りとしてイスラエルの人々に真の平和を提供した」ということになる。フリードマンはもちろん知っているわけだが、これこそはメナハム・ベギンの立場であって、サダトはこれに激しく反対していたのである。サダトが明確に求めたのは、アメリカ合州国が拒否した一九七六年一月の安保理決議で提案された西岸地区とガザにおけるパレスチナ国家の設立を要求するための国際的な合意だった。さらにつづけてフリードマンは、こう書く。いまや「アラブ諸国はイスラエルが二四二号決議の解釈にしたがって平和のために土地を交換する可能性を開くことを要求している」。ここでもフリードマンなら知ってのとおり、アラブ諸国はこうした米国とイスラエルの提案をはっきりと拒否しているのであり、世界の国々とおなじく二四二号決議が国際的に認知された（一九六七年六月以前の）国境に沿った政治解決として解釈されるべきだという立場を取っているのである。国境画定にはいくつかの修正も相互の承認のもとに必要だろうが、同時にこれがキッシンジャーが一九七一年に乗り出してくる前までの米国の公式政策でもあった(16)。

パレスチナの人々と本物のイスラエルのハト派によれば、労働党とアメリカの「占領地をめぐる妥協」なるものは拒絶政策の一環であって、「リクードの自立プランよりずっとたちが悪い」と見なされている（パレスチナの穏健派弁護士アジズ・シェハダの意見を肯定してシュムエル・トレダノが言っているように(17)）。この妥協政策のほんとうの理由はよく知られてはいるが、現実イデオロギーの歴史なるものと同様、深く隠蔽しておく必要があるのだ。

米国政府の拒否姿勢はメディアによる報道や論調の基本線としても適正なもので、それを唱導する者たちを苦しみにあえぐ人類の問題に光をふきこむハトとして称揚しておけばいい。これが「責任ある言論」の条件にほかならない。かくしてアメリカ合州国とイスラエルは一九八九年二月に労働党の防衛相イツァーク・ラビンがピース・ナウのリーダーたちに表明したように、アメリカとPLOとの対話はイスラエルがインティファーダを力で制圧しているあいだ注意をそらす方策にすぎない。彼がそのとき保証して言ったことは、四十年前にイスラエルのアラブ専門家の予言と同様、パレスチナ人の抵抗は「崩れさるだろう」というものだ。パレスチナ人は「壊滅する」。死滅するか、「人間のクズとなるか社会のゴミとなって、アラブ諸国のもっとも貧しい階級の仲間入りをする」だろうというわけだ。あるいは彼らはどこかへいなくなって、その代わりにいまはアメリカ合州国によって自由選択を許されていないロシアのユダヤ人が拡大したイスラエルに大挙して移住し、外交問題を意味のないものとしてしまうだろう。これこそがベーカー／シャミール／ペレス・プランの構想でもあるのだ。

古い政策には新たな口実があみだされ、それが寛容で進歩的だと称賛される。失敗は米国政府の「幅広い中東政策」に適応しようとしない過激派の「妥協を知らない独善」のせいにされる。アメリカの中東政策は定義上、正しく公平であるからだ。人々が事実に目を開こうとせず沈黙を守っているかぎり、こうした醜悪なシナリオはいつまでも目前に展開し続けるだけだろう。

不一

ノーム

『LOOT』第二巻五号、一九九一年五月

14　責任の重荷

一九九一年八月一二日
『LOOT』御中

誠実なジャーナリズムとは骨の折れる技だが、尊敬すべきご立派な報道というジャンルはまったく異なる種類のもので、そこには重荷もつきまとう。湾岸戦争後の状況が多くの用例を提供するが、今日はひとつ小さな見本をとりあげよう。

ひとつ基本的な資質として必要なのは矛盾に寛容となることだ。たとえばパトリック・タイラーは次のような観察を提出する。「中東の軍備競争を抑えようとするアメリカ政府の思惑にはいまだ一貫しないところがある、というのもこの地域の支配的な武器供給国はアメリカだからである」[1]。ここにあるのは複数の事実とひとつの「真実」との見慣れたせめぎあいだ。事実とはたんに世界で起きていること、「真実」とは権力から発しているがゆえにより大きな尊厳をまとうものだ。ワシントンの政権のゴールが中東の軍備競争を押さえることというのは「真実」で、高所からの主張。この政権がハイテク兵器を売る機会を利用していることは端的な事実だが、それはあまりに些細なことなので「真実」をそこなうにはいたらない。こうした点を学者風によそおって言えば、事実とはたんに「現実の誤用」にすぎず、いっぽう真実は「現実そのものだ」ということになろう（第八信を見よ）。

米国政権のたぐいまれな優しさは「真実」ではあるが、頑固な事実の前で危なっかしく揺らいでしまう。この問題に真っ向からたちむかうタイラーは次のように書く。「ブッシュ氏はイラクの女性や子どもたちに不必要な苦しみを与えたくないと明言しながらも、この国には病気や栄養失調が蔓延し十分な対策がいまだに採られていない」。最後の一句は婉曲語法であって英語に訳せばこうなる。「アメリカ合州国とその飼い犬である英国はイラク市民の惨状を改善しようとする努力を邪魔している」。

事実と「真実」との矛盾がなくなるとすれば、それはブッシュ御大が膨大に増えつつある市民の犠牲を気づかない場合だ。この英雄的試みに邁進するタイラーは経済封鎖が「ワシントンで考えられているよりもずっと大きな被害をイラクの人々に与えている」と報じる(2)。たしかに「はげしい栄養不足と病気の蔓延」が「市民に壊滅的な影響を及ぼしている」が、ブッシュ氏はそれを伝えられていないのだ。そこで矛盾は解決する。つまりブッシュが経済制裁の効果を知れば、彼は「イラクの女性や子どもたち」を救うために彼が「明言している」原則にしたがって断固として行動するだろうからだ。

鋭い読者なら気づかれるように、矛盾を解決するには違う方法がある。わが国の指導者が容認しないのは不必要な苦しみだけであって、こちらに役に立つ苦しみとなるとまったく別の話だ。いまの場合ならば、イラクの女性や子どもたちの苦しみはイラクの人々を政治目的のために人質にするという有用な機能を果たしている（米国によって公式の敵とされている一団がはるかに小さな規模で行なうときにはこれが「テロリズム」と呼ばれるのだが）。したがってこの苦しみは現実的で実用的な根拠のもとに正当化されるのである。

この論理運びを説明してくれるのが、例によってトマス・フリードマンだ。経済制裁の意図はイラクの将軍たちをして独裁者を権力の座からひきずりおろすためで、「そうなればワシントンにとって最良の世界が出現する、サダム・フセイン抜きの鉄拳イラク軍という」。てっとり早く言えば、イラクの女性や子どもたちを罰することによって、ワシントンの政権はサダムの「鉄拳がイラクを一まとまりにし、ワシントンのボスたちは言うまでもなくアメリカの同盟国であるトルコやサウディ・アラビアもとても満足していた」幸福な日々を取りもどすことができるのだ。ワシントンのボスどもはもちろん手段を選ばない、だから鉄拳を持つ男を支持して援助を与えるためにはなんでもしていたのである。(3)

となると「ある国が政治的理由のために飢えていくのをそばで何もせずに見ている」のがきわめて適正なこととなる(カナダの新聞に引用されたユニセフの公共問題担当リチャード・リードの言葉)。リードの予言によれば、イラクが「膨大な量の食糧」を購買することをゆるされないかぎり、このことはかならず起きる。しかし二歳以下の子どもの場合はすでに遅すぎるわけで、この子どもたちは激しい栄養失調のため六、七ヵ月のあいだ成長が止まってしまっているという。また一九九一年五月までに死んでしてしまった五万五千の子どもたちにとっても(今年末までにはさらに十七万人の子どもたちが死亡することを予測するハーヴァードの医療チームによる推計についてのパトリック・タイラーの記事)、そして「広範な飢餓」と医薬品の欠乏、医療システムの崩壊、四倍に増えた下痢性の病気、下水がそのまま路や河に流れこむ都市でのチフスやコレラの発生、さらには国連事務総長の使節団報告にあるようなその他の苦難に

直面している国の数限りない人々にとっても遅すぎるのである。(4)

もしブッシュに運があれば彼の元盟友が助けの手をさしのべてくれるかもしれない。「ウォール・ストリート・ジャーナル」によれば、「国連から核爆弾製造器具を隠そうとするイラクの下手な試みが思わぬ幸運になりそうだ、とアメリカの高官が言っている。それによって同盟国（つまりはアメリカ合州国と英国のことだ）は人道的理由によって制裁を終わらせるべきだとの声の高まりにもかかわらずサダム・フセインを経済的にしぼりあげ続けることができるからだ」。(5) つまり政治的正しさを求める観衆からのブーイングもなしに、私たちは楽しく「この国が政治的理由のために飢えていくのをそばで何もせずに見ている」ことができるというわけである。

ブッシュ政権と「ニューヨーク・タイムズ」の考える「全世界にとって最良のこと」がしかし普遍的に共有されているわけではない。イラクの民主的反対勢力のスポークスマンであるロンドンの銀行家アフマド・チャラビはこの戦争の結末をイラクの人々にとって「あらゆる意味で最悪の世界の到来」ととらえている。(6) これも矛盾のひとつだがそれも表ざたになると同時にすぐに解決される。イラクの人々のとってあらゆる意味で最悪の世界とは、ワシントンとニューヨークのオフィスから眺めれば最良の世界とも言えるからだ。まともな思考のできる人なら「イラクの悲劇は計り知れない」というチャラビの意見に同意するだろうが、いっぽうで「ニューヨーク・タイムズ」でアメリカ国務省の報道官が述べたことこそが大事な問題なのだという認識も存在する。フリードマンによれば、「フセイン氏がクウェートに侵攻する以前、彼はワシントンお気に入りの湾岸地域における権力均衡と現状維持の柱」で我々の承認と十分な援助のもとにその「鉄拳」を用いていた。彼は一九九〇年八月二日に失敗を犯したが「フセイン氏が自分の殻にとじこもるとすぐに、ワシントンの政権はその有用性を再認識する……それがフセイン氏にたいするクルド人やシーア派の反抗、あるいはイラクにおける民主化運動をなぜブッシュ氏がけっして支持しなかった理由である」(7)。

それがまた「ニューヨーク・タイムズ」――というかメディア全般――がイラクの民主化勢力を慎重に排除してきた理由でもある（「ウォール・ストリート・ジャーナル」だけは戦闘勝利後だいぶたってから民主化勢力にいくつか光を当てたという功績はあるが）。これら頭の足りない奴らはワシントンのプランにずっと反対してきたという悪趣味の持ち主だからだ。パレスチナ人たちと同様、彼らは「ニューヨーク・タイムズ」特派員サージ・シュメマン言うところの「この地域の厳しい現実」(8)というものが理解できていない。これら民主化勢力はサダムの「鉄拳」がワシントンに「最良の世界」を付与していたときから民主化を要求しており、アメリカとイギリスの破壊的戦争にも反対して、合州国政権とアメリカのメディアが抑圧してきた外交ルートによる解決を推進するよう促してきた。そしてさらに彼らを罪深くしているのは、ワシントンの政権がアメリカ合州国大統領の「我々の言うことならすべて通る」という見事な言葉をきちんと理解しているサダム・フセインの替え玉をすえようとしているのにもかかわらず、民主化を要求していることだ。

イラクの外からチャラビは一九九一年三月なかばに次のように発言していた。米国政権は「サダムが反抗する人々を殺しまくることを待っている、そうすればあとで適当な手下によってサダムを追い出すことができるからだ」。こうした態度はアメリカ合州国の政策の根幹にあるもので、それが「現状を維持するために独裁を支える」。ブッシュ政権はイラクの民主化運動の指導者たちとはいっさいの関係を持たない態度をつづけると表明しており、「こうした勢力と会うことは現在のわが国の政策になじまないという感触を持っている」と、国務省の報道官リチャード・ブッヒャーは三月一四日に述べた。なるほど国務省は嘘をつかない。「ニューヨーク・タイムズ」の中東特派員アラン・コーウェルのレポートによれば、シリア内のイラクの亡命者たちがジェームズ・ベーカーに宛てた彼らの「書簡の返事はなく」、ワシントンやニューヨークにおけるのと同様、「アメリカ大使館の扉は閉ざされたまま」であると言っているという。(9)

アメリカ合州国の伝統とも言うべき民主化勢力の拒絶は「真実」の注意深い守護者たちにとって常なる試練となる。この場合で言えば、尊敬すべき論者としてはアメリカの軍事的戦術をなんとか押しかくしておかなければならない。「鉄拳」を回復するという政治目的のために市民社会に永続的で最大の損害を与えること。砂漠の洞窟に隠れたり命からがら逃げ出そうとする無防備な徴集兵たち（そのほとんどはシーア派かクルドの貧農らしい）を虐殺する一方で、エリートの兵隊たちは放免されて必要な仕事をさせ、アメリカ軍は戦闘の危険からまぬがれること。こうしたことを明らかにしてはならないのだ。イラク北方から報道を行なうアメリカ人のジャーナリスト、チャールズ・グラスは「正規軍に支援されたイラク親衛隊がクルド人の制圧地区をカチューシャ・ロケットやヘリコプターからの銃撃、それに重火器で無慈悲に爆撃する」のを見物するジャーナリストたちのありさまを伝えていた。それなのにこの国では「嵐を呼ぶ」ノーマン・シュワルツコップが「イラク親衛隊は破壊したので、軍隊として役に立たない」し、軍用ヘリコプターもすでにないとか公言するのを聞いているというわけだ。(10)こういうのは英雄的な話ではないのでたくみに伝えなくてはならないが、それでもこの手の話はアメリカではまったく無視するわけにはいかない。

事実をなんとか「真実」に合わせるべく奮闘するアラン・コーウェルは、イラクの反体制派が失敗した理由を「イラク国外ではきわめて少数の人々しか彼らの勝利を望んでいない」からだと言う。ここでの「人々」は尊敬すべきジャーナリズムにおける標準的意味で使われており、つまり「アメリカにとって役に立つ人々」ということだ。「フセイン大統領にたいする同盟軍の戦いはアメリカ合州国とそのアラブ側の連合国にまったく異論の余地のない一致した見解をもたらした」とコーウェルは続ける、「イラク元首の罪がなんであろうと、彼はその圧政に苦しんできた人々がもたらしたものよりもこの国の安定へのより良い展望を西側諸国とこの地域に与えたのである(11)」。

ここで言われている「アラブ側の連合国」とは愉快な一団で、六つの家族独裁国、シリアのハフェズ・エル＝アサド（サダム・フセインと区別不能）、それにアラブ同盟国のなかで多少は国内の自由がある唯一の国エジプトがそれだ。そこで私たちとしてはエジプトの政府寄りの新聞を見て、コーウェルの言う「人々」のあいだでの「まったく異論の余地のない一致した見解」なるものが本当かどうか確かめてみよう。コーウェルの記事はダマスカスで四月一〇日にという日付がついているが、その前日、エジプトの主要新聞（半分は政府見解の）「アル・アハラム」の副編集長サラへディン・ハフェズが、サダムによる反対派つぶしを「西側諸国の同盟軍の傘の下」で行なわれたと述べている。アメリカ合州国の姿勢はエジプトがずっと言いつづけてきたことの証明にほかならず、「野蛮な獣、サダム・フセイン」というアメリカのレトリックは本来の目的を覆いかくすカバーに過ぎない。すなわちイラクを縮小させ、この地域のアメリカの覇権を確立するという、目的がそれだ。西側諸国は「自由や平等にむけたどんな進展や希望をもうちくだき、民主主義に向けた歩みを妨害する」必要において、この獣と完全に一致しているのであって、もし必要なら「サダム本人との共謀」も辞さないのである。[12]

たしかにこの地域にはアメリカ合州国の姿勢を支持する人々もいる。イスラエルでは多くの論者が（指導的なハト派の人々も含まれる）辞任する参謀長ダン・ショムロンに同意してサダム・フセインがイラクで権力の座にあったほうが都合がいいと考えている。クルド人にたいする抑圧を歓迎している人々もいて、それは「イランとシリアがクルド人を利用してテヘランとダマスカスとのあいだの領土的・軍事的協同をめざそうという野望があるからで、それはイスラエルにとっては危険な試みである」（モシェ・ザク）。しかしこうしたすべては邪魔な情報であるから、アメリカのメディアでは隠蔽されるのだ。[13]

メディアのもうひとつの仕事は結果に関わらず、戦争が大勝利で終わったということだ。クルド人の虐殺をアメリカ合州国がひそかに支援していた事実はメディアにとって厄介な事態で、もしメディアが西側諸国の医師たちなどの証言を報道していて、トルコが何百というクルドの村を破壊し、逃げまどうクルド人を何万と虐殺し、彼ら彼女らがきびしい冬を越そうとするのをトルコ政府が妨害したこと、そしてブッシュ先生がトルコの指導者トゥルグト・オザルを「世界の文明的価値のために立ち上がった平和の守護者」と称えたこと、こうしたことをメディアが伝えていれば、その厄介さはさらに増したことだろう。[14] しかし英雄シュワルツコップのまなざしの下、もっとひどい破壊とテロの犠牲になったと思われるシーア派の人々の悲劇同様、こうしたことは脇に追いやられてしまうのだ。けっきょく彼らはアラブ人にすぎないわけだから。

この仕事もこうして果たされ、開戦記念日の社説で「ニューヨーク・タイムズ」は「疑う者たち」の戸惑いをしりぞけ、大統領の行動は賢いものだったと結論する。ブッシュ氏は「泥沼を避け、ふたつの大勝利を確保した。同盟国間で前例のない協同を実現したことと、アメリカ国民の自信を回復したことという」。アメリカ国民は「二月二八日の戦闘停止を安堵と誇りをもって歓迎した。安堵は奇跡的にほとんどアメリカ軍の犠牲者が少なかったこと、誇りは同盟国軍の見事な働きに関してである」。もちろん同盟軍は撃ちかえす力もない敵をものの見事に虐殺したわけだから。(15) なるほどこうした栄光にみちた大勝利のほうがこの地域の「おそるべき悲劇」よりも大事だろう。

しかし、この国ではほとんど報道されることのない世界の「人々」に含まれない人たちがどう思っているかも私たちは想像することだってできる。たとえばそれはブラジル、サン・パウロのパウロ・エヴァリスト・アーンス大司教の次のような言葉にも捉えられている。アラブの国々では、「アメリカ合州国に味方するのは金持ちだけで、何百万という貧しい人々はこの軍事攻撃を非難していた」。第三世界のあらゆる国に「いつ彼らが我々を侵略する決定を下すだろうかという憎悪と恐怖」が満ちている。そしてそのような侵略はいったいどんな口実でなされるのだろうか?

不一
ノーム

『LOOT』第二巻九号、一九九一年九月

15　スターリニズムの死と生

一九九一年九月八日
『LOOT』御中

ソヴィエト連邦における一九九一年八月末の重要な出来事はこの国でもいくつかの興味深い報道と論説を生んだ。アメリカ合州国は遠くからの受動的な観察者であり、ワシントンの政権はなんの政策もないわけで、ただ出来事が起きていくのを見ているだけだった。しかしながらこうした描き方では非常にまずいのではなかろうか。

適正とされるとらえ方はアメリカが国際秩序と道徳をときに厳正だがおおむね恵みをほどこす守護者であって、建設的な道にそって間違いを正していくというものだ。とりわけジョージ・ブッシュは偉大なる政治家というイメージを与えられ、外交とグローバルな管理全般に並々ならぬ才能を有しているとされている。こうした図式は偉大なる伝達者ロナルド・レーガンをめぐる話と同じぐらいの信憑性はある。レーガンは現代の革命の創始者とされたわけだが、その革命なるものはこの偶像がもう役に立たないとなるやすぐさま取りやめとなり、本人の頭のなかは空っぽで演説さえ読むことができないと認められてしまった。レーガンの後継者の場合は、これまでのところ彼の卓越した技量の証拠は、自らの政権が作った初期の国家安全保障政策検討文書を忠実に履行するという点のみに帰着し、すなわち「弱体の敵を決定的かつすみやかに」打ちやぶることができなければ、それは「まずいことになり」、きわめて少ないと考えられる「政治的支援の障害となる」かもしれないという教えにしたがっているにすぎない。(1)

好まれるイメージと現実とのつじつまを合わせるために、一九九一年八月の危機を満足すべき結末に導くのにブッシュが重要な役割を果たしたのではないかとする論調もあるようだが、この試みはきわめて弱々しく意気を欠いている。まあなかには努力を認められるものもある。たとえば「ボストン・グローブ」の論者ジョン・シルバーはボストン大学の学長で政治的ポストをめざしている御仁だが、(2)「共産主義の崩壊をめぐる大統領の技量が民主党の混乱を高めている」といつもの教義をくりかえす。とりわけ「ソ連における失敗した政権転覆の試みにたいするブッシュ大統領のあつかいは見事なものだった。彼がボリス・エリツィンにかけた電話は喧伝されたようにアメリカ合州国が民主主義勢力の側にいることを印象付けたし、シュトラウス大使をすぐにモスクワに送って反乱軍を無視しろとの指令も大統領のたくみな決定であり、それがアメリカの地歩を固めたのである」。

外交というチェス盤上でこれだけ素晴らしく想像力にあふれた動きができるのだから、野党は絶望のあまり手をこまねいているしかないではないか?

事実としてブッシュ政権に政策などないことは、クーデターが失敗したあとで行なわれたジェームズ・ベーカーの報告からも明らかだ。この国務長官は「四部からなる議題」なるものを提示した。そのうち三部は演説の書き手が居眠りしながらでっちあげる美辞麗句の類で、我らは民主主義と法の支配と経済改革と安全保障問題の解決を望むとか何とか言っているもの。この議題の一部分はほんの少しだが実質を伴っていて「ソ連の外交政策」についてとなっている。ここでベーカーは「中東における有効な平和構築過程において直接的交渉を導き出すための平和会議を開催する彼自身の努力」について力説している。トマス・フリードマンがついでに説明してくれているように、ソヴィエト連邦も「アメリカ合州国と協力して中東平和のような外交政策の試みを始めるべきだ」というわけである。(3)

ここで興味深いのはなにが隠されているかだ。「ソ連の外交政策」なるものは実際ブッシュとベーカーの中東戦略においてある役割を与えられてきた。それは一方的な米国の動きを（きわめて頼りないものではあれ）押しかくすというカバーの役割で、それによってキッシンジャーが何年も前に強調していたヨーロッパと日本をこの地域の外交から排除するというアメリカの要求を達成することだった。ベーカーの言う「直接的交渉」とは、例によってオーウェル的言い回しでアメリカとイスラエルの拒否主義という原則のことである。つまり「和平プロセス」の枠組みは国家と国家統治権力の交渉に限られるべきで、先住の人々を排除し、その民族的権利と関心をまったく顧慮しなくてよいものとされる。彼ら彼女らはアメリカ合州国には何の役にも立たない、だからまともな権利もなくていいのだ。これこそ米国がほぼ国際的な孤立のなかで（イスラエルの両政党をのぞけば）二十年間というもの維持してきた厳格な拒否主義という原則の核であって、いまやそれをソ連はじめ他国にも押しつけられるのではないかと考えだしているのである。

しかしこうしたことは政治的正しさの基準にはふさわしくないものだから主要メディアには流され

ない。すでにこの本で述べてきたように、交渉の枠組みとされるベーカー／シャミール／ペレス・プランの基本的条項でさえも主要新聞は伝えようとしないのだから。

ソヴィエト連邦がなくなってしまえば、外交政策のもう一つの目標達成が近づく。すなわち「カストロ政権を転覆して、米国により受けいれやすい政権で置き換えること」がそれだが、そのゴールは「アメリカが介入したと思われないようなかたちで」成しとげられなくてはならない。ここで引用した言葉は一九六〇年三月のアイゼンハワー政権による機密決定からのもので、それがジョン・F・ケネディのときキューバに対する破壊工作と経済制裁というかたちでエスカレートしていき、その後も引き継がれているのである。(4)

もしワシントンの政権が要求されているようなかたちで——「アメリカが介入したと思われないようなかたちで」長年の目標を達成しようとするなら、イデオロギー的な組織の協力が不可欠である。まずこれまでの攻撃の記録が隠蔽されなくてはならない、テロリズム、経済制裁、文化的疎外、こうした禁令をやぶる者にたいする脅し、それに「キューバ国民のほんとうの利益」に献身する超大国だけが使えるさまざまな手段の行使されてきた歴史が隠されなくてはならないのだ。キューバの苦難は悪魔カストロと「キューバの社会主義」だけのせいにされねばならない。キューバの人々の「貧困、孤立、屈辱的なソ連への依存」の責任はすべてそこにある、と「ニューヨーク・タイムズ」の編集者たちは教えさとしてくれながら次のように高らかに結論する、「キューバの独裁者は自分で自分を追いつめた」、我々がなにもしなくても。そういうわけなので、教義上の必要から我々は「アメリカの冷戦の勇士たち」が提唱するようには直接介入すべきでない。「フィデル・カストロの支配は自分から失敗して終わるのが当然で、殉教を必要とはしないのだ」。自らをハト派の極に位置づける編集者たちは我々が三十年間そうしてきたようにただ見ているだけで何もせず、黙って見ていればよいという、よってナイーヴな読者はこうした（きわめて典型的な）歴史しか知らないことになってしまうのである。(5)

アメリカ合州国の目標達成能力がソ連という障害が消えて増大したことは、世界のほとんどの場所にとってみれば必ずしも歓迎すべきニュースではない。しかし私たちは「アメリカの支配渇望をなにがしか抑えるのに役立ってきた国際間の軍事的均衡がくずれた」（マリオ・ベネデッティ）ことにたいする第三世界の恐れをそれほど聞けるわけではない。また「ニューヨーク・タイムズ」でカーネギー国際平和財団の参与であるディミトリ・サイムズが「ソ連の脅威の減退は米国の外交政策の手段として、アメリカの重要な利益に挑戦しようと考える者たちにたいする軍事力の意味を増大させる」と書くとき、第三世界がどのような反応を示すかも私たちには伝えられない。「ソ連の脅威」はアメリカの軍事力にたいする抑止力でもあったわけだが、その支援が米国の破壊工作や暴力の目標となることにもなったのである。(6) 世界の多くの場所における恐怖はしかしたいへん現実的なもので、とくに湾岸地域における米英両軍の戦闘のあとではそうだ。教義にとらわれずに物事を見ようとする人なら誰でも容易に気づくことだろう。

しかしながらアメリカ合州国の破壊工作と暴力の条件が改善されたとはいっても、長年の公式の敵国の終焉にさいしてどんな鐘を鳴らせばよいかの答えがすぐに見つかるわけではない。より高等な主題を考えるために、私たちとしては「ニューヨーク・タイムズ」の記者リチャード・バーンスタイン

の論考「共産主義の弔鐘から生まれる新たな問題」なる記事を眺めてみてもいいかもしれない。(7)

バーンスタインはこう説明する。七十年以上ものあいだ、「知識人のあいだのもっとも激しい議論と闘争を生んできたのは、マルクス・レーニン主義と社会革命、そしてソヴィエト連邦の本質、さらには二極化した世界における主要なイデオロギー的勢力としての共産主義の存在をめぐる議論である」。彼は続けて、「ソヴィエト連邦が西側諸国の人々の頭におよぼした最大の影響は、尋常ならざる魅力によって新しい世界の理想的なヴィジョンを植えつけ、搾取が革命の波によって消滅する世の到来を告げることだった」。ソヴィエト連邦そのものの魅力が薄れたあとで、「この議論は新たな形態を取るようになった」。すなわち「一九六〇年代から八〇年代にかけて中国やエチオピア、キューバ、ニカラグアといった国々でひとつの議論が華々しくなり、それはソ連が汚してしまった革命的美徳を体現しているようにも左翼の多くの人に見えたのだった」。ハーヴァードのジョゼフ・ナイ教授によれば、アメリカ合州国のなかで一貫して冷戦はふたつのイデオロギー的極のあいだで「国内の議論を二極化する効果を持った」。しかし「共産主義をめぐる議論がその力と中心」を失ってしまった状況にあって、「今後、左翼と右翼、リベラル派と保守派とのあいだでどんな議論が展開されるのだろうか」とバーンスタインは問う。おそらくすべてをまきこむような議題が消滅してしまうのだから、意見を表明する新聞も雑誌もなくなり、それらをめぐる議論が頁を「華々しく」飾ることももはやなくなるのだろう。

この議論が「左翼」を正確にとらえているかどうかは脇においておくとしよう。そして議論のために、過去七十年間「国内の議論を二極化」してきた「議論と闘争」の見取り図もこのまま受けいれておこう。そのうえで単純な質問をしてみる。この現代の中核的な議論が「ニューヨーク・タイムズ」という「歴史を記録する新聞」、もっとも信頼できるジャーナリズムとして最高の模範を示し、あらゆる思想や意見に開かれた自由な新聞ではどのように省察されてきたのだろうか？

この問いは実はウォルター・リップマンとチャールズ・マーズが「ニューヨーク・タイムズ」によるボルシェヴィキ革命の報道について検証した一九二〇年の古典的研究ですでに探求されたものだ。彼らの研究によれば「職業的ジャーナリズムの観点からすれば、それは惨憺たる状況というほかなく」、野卑で狭隘な愛国主義と国家への屈従が編集方針にも、また編集方針によって「根本から露骨に影響された」ニュース報道にも顕著だった。現在に目を転じれば、一九八〇年代のもっとも議論を呼んだニカラグアという「華々しい」問題を「ニューヨーク・タイムズ」がどう報道したかに関する包括的な研究がある。それによればリップマンとマーズの批判はいまだにまったく正確だということになる。ニュース報道はいつもどおり、国家権力に献身するという教えによって「根本から露骨に影響された」もので、それが編集方針を決定している。コラムや社説対面記事も同様に制約を受け、おどろくべき画一性をもって、サンディニスタの呪いは除去されねばならず、エルサルバドルとかグアテマラのようなより受け入れ可能なモデルがしめす「地域的基準」にニカラグアも復帰すべきだという政治的に適正な記事が支配する。年月は隔てられていても、このふたつの場合においてはこの新聞の記録はほぼ同じということになるだろう。(8)

むろんあらゆる題材についてこうした探求がなされてきたわけではない。だから私もエチオピアのメンギスツの革命的美徳をめぐる「華々しい議論」を「ニューヨーク・タイムズ」がどう報道してきたのかとか、マルクス・レーニン主義の「尋常ならざる魅力」と革命とユートピアをめぐって「理想的なヴィジョンを植えつける能力」を「ニューヨーク・タイムズ」がどう歓迎してきたかの研究は知らない。しかしながらこうしたレトリックをすこし現実に近づけてみれば、この「歴史を記録する新聞」がどれだけ開かれた議論を展開し、不都合な事実をも論じてきたかは正確にわかろうというものだ。

げんざい作り上げられつつあるおとぎ話――おそらくそれは信じられてもいる――は何がしかの興味を引く。七十年以上ものあいだ「ニューヨーク・タイムズ」と（もちろんこの新聞だけではないが）国家・企業の複合権力はみごとに同じ歩調で歩んできた。いまや「共産主義の弔鐘」が聞こえているのだから、ときどきはこうした話題も議論してかまわないだろう、ただし回顧するにしろまともな意味のあるやり方ではなければの話だが。その一方で堅固な画一主義が現実とまったく遊離した、ほとんど笑止千万な華々しい議論を生産しつづけるのだ。現実の問題がこのような教化のシステムからはほぼ除去されているという認識をすこしでも持たせないことが、言うまでもなくきわめて重要なのである。じつに凝った作業と言うべきだろう。

ソ連の暴政への「弔鐘」はたしかに鳴らされたが、その代わりに登場するものがそれほど見て楽しいものかどうか。いまだスターリン主義の価値観はいまだに生きており、文化検閲者たちにとっては忙しい日々が続くことだろう。

不一

ノーム

『LOOT』第二巻一〇号、一九九一年一〇月

16　毒の除去

一九九一年一〇月七日
『LOOT』御中

世界がどう動いているかを学ぶには、イデオロギー的な機関において何が押し隠され、私たちの目に見えなくなっているのかを観察するのがいい。こうした点では学術的研究がときに多くの示唆を与えてくれる。『季刊政治科学』でドリス・グレーバーがニコラス・ベリーの著書『外交政策と新聞――米国外交政策を「ニューヨーク・タイムズ」はどう報道したか』について、「新聞が外交政策をどのように伝えているかに興味を持つ人の必読書」と評している。この書評によればベリーの研究は、「彼の理論を実証し、それに対立する見方にたいする反証となる」ものだ。その理論とは、「もし政策が失敗に終われば、メディアは声をあげて批判している者たちの意見を取り上げる」けれども、そのさい使われるのは「信用度がたかく引用しやすい政治的発言」だけである。反証を挙げられたとされる理論がどういうものかは明らかにされていないが、それらはおそらくメディアの権力への従属度がきわめて高いために失敗さえも批判できないと主張するものだろう。かくしてアメリカ合州国のメディアが独裁主義をも凌駕しているという見方が適正にも戒められているのである。[1]

だが反証さえ挙げるに値しないと思われている理論もあって、それはメディアにとって従順な召使であることは十分ではなく、成功しようが失敗しようが批判は一切せず権力の内部で受けいれられる範囲内でのみ評価を行なう権力者の教義の担い手となるべきだという穏当ならざる見方を有するものだ。自由な社会に関してそのような考え方を持つ者は知的文化のなかにあるまじき存在だということなのである。

この一ヵ月間の主要ニュースのなかで何が除外されているかを考えれば、こうしたメディアの方針を導きその教義をかたちづくっている暗黙の前提があきらかになるだろう。そのひとつの焦点がCIA長官ロバート・ゲーツの任命審査だ。それが終了したあとでエレーヌ・シオリーノが記録を検証して「重大問題」なるものを言い当てている。すなわちこの候補者の悔恨と傲慢さ、その「性格とスタイル」、「個人的告白」の真率さ、などなど。[2] 彼女のまとめのなかにはゲーツが「ニカラグアのサンディニスタ政府には直接的な軍事行動のみが有効であると信じていた」という一文があるが、シオリーノはしきたりどおり、この議会にも新聞にも興味のない些細な問題は素通りしてしまうのだ。

ここで言及すべきは一九八四年一二月一四日にゲーツからCIA長官ウィリアム・ケーシーに送られた覚え書きである。[3] 当時諜報部次長であったゲーツは「ニカラグアについてはっきりと明言すべき時がきている」とはじめる。我々は「わが国の国益にとってアメリカ大陸からこの政権を除去することが重要であるということを受けいれなくてはならない」。我々は「エルサルバドルへの武器流出を抑えるといった隠蔽」はもうやめて、そのような見かけが「政治的にはたやすくつくろえるものである」ことを認めるべきだ（しかし「ニューヨーク・タイムズ」や他の忠実な臣下たちが必要とあればいつでもそうした見かけを維持してくれるだろう）。我々がひたすら追求すべきは「この政権を追いおとすためという明確なねらいを持った行動で」、そのためにはどんな手段も取るべきであり、それには経済制裁や（このあとすぐに実行された）、有効ならば「検疫による隔絶策」、軍事力の行使（空爆そのほか）が含まれよう。「この政権がみずからより複数の層の利害をになう政府に改善されると希望することは空しく馬鹿げている」とゲーツは一九八四年の選挙直後に書いており、その選挙が米国の顧客（「複数層の利害」）の勝利をもたらさなかったがゆえに違法なものだったと主張する。我々は「西半球がアメリカ合州国の影響下にある半球である」ことを認識し、それゆえ我々の望むやりかたで我々の気に食わない者を「大陸から追い出す」のか、それとも「完全にモンロー主義を捨てる」と決めるのか、どちらかである。

こうした考え方はどうやらゲーツの長官就任資格には触れなかったようだ。もうひとつ表に出ていないのは彼のモンロー主義解釈がたしかな根拠を持っていることで、たとえばそれはウッドロー・ウィルソンの国務長官だったロバート・ランシングの次のような見解にも明らかだ。

モンロー主義の実践においてアメリカ合州国はみずからの利益を優先する。他のアメリカ大陸諸国の存続は偶然であって目的ではない。これは自己の利益にのみ基づく考え方のように見えるが、このドクトリンを創った作者はそれを宣言することでまことに高邁で寛容な動機を有していたのである。

ウィルソン大統領はランシングの議論を「争う余地のないもの」と考えていたが、それを公言することは「得策でない」と思ったようだ。七十五年間ほとんど何も変わっていないというわけである。同様の考え方を間接的に肯定しているのが、ヴィンセント・キャンビーによるスーザン・メイセラスの映画評で、それを彼は監督のサンディニスタ寄りの姿勢があらわれたものと言う。(4) キャンビーによればこの映画は「あらゆる社会的闘争の不毛さとときに見えるものを冷静に省察」している。「外部の圧力」なるものをめぐる二、三の曖昧な言い方をのぞけば、この映画評の読者は「不毛さ」のたしかで重要な理由がなんなのか良くわからないが、実はこの「不毛さ」の理由こそがゲーツの覚え書きとそれにたいする反応によく現れているのである。

基本的な想定がどのあたりにあるのか明らかにするのが、クーデターによって生まれたハイチの政権にたいする経済制裁にブッシュ政権が反対していることへの反応の欠如だ。「経済制裁が問題なのはそれがハイチの人々に石を投げることになるからだ」というわけである。(5) ふさわしいのは沈黙を守ることだ。ブッシュの過去の行動に照らしてこうしたコメントがまったくの偽善であることを指摘する必要もないだろう。ここで暗黙の前提となっているのは、大統領がむろん悪辣な偽善者でその宣言をまじめに受け取る神経のまともな人などいるはずはなく、それが西半球というか世界全体を支配しようという我らが共通の意思をおしかくしたものにすぎない、そのためにはあらゆる手段を使って邪魔者を自分の庭から排除するのだということである。

九月二六日の「ニューヨーク・タイムズ」において省かれているもの、それが同様の想定をはからずも例証する。イラクに関する第一面の記事でアンドリュー・ローゼンタールはある合州国高官の発言をコメントなしで引用する。「新世界秩序になんらかの信用をもたせようというのなら、人々を法の支配に服させねばならず、サダムはその点であらゆる人をあなどっている」[6]。同じ日の最終面にはロイター通信から抜粋で「米国、マナグアの二億六千万ドルの借金を帳消し」とある。元の報告から削られているのは、数日前にニカラグアが国際司法裁判所におけるアメリカ合州国にたいする訴訟をとりさげたというニュースである[7]。この行動は「ニューヨーク・タイムズ」では報道に値しないと思われたようであり、ほかの新聞でもほとんど取り上げられなかった[8]。一年前「ニューヨーク・タイムズ」は、「ニカラグアが国際司法裁判所でアメリカ合州国にたいして勝ちとった百七十億ドルにものぼる裁定」を米国が援助を凍結することによってニカラグアに放棄させようとしていると、なにげなく報道していた[9]。九月二六日の沈黙は、我々の「新世界秩序」が信用されるためならすべての人を「法の支配に服させねばならない」とするわが国の厳正な命令に完璧な後ろ盾を与えているものと言えよう。

今月のほかのニュースは十年一日のごとく大統領の「大いなる夢」とか「未来のヴィジョン」、アメリカの武力の大勝利のおかげで悪の帝国が滅びて「歴史的な機会の窓」が開けた、とかいうたぐいの話ばかりだ。R・W・アップルによれば、イスラエルとアラブの平和などに関してブッシュが「このように大いなる夢を見る」ことができるのは二つのことがあるからだ。ひとつは、「地域的な緊張」が超大国同士の激突をまねく恐れがないこと。もうひとつは、「不安定な状況の継続をソ連が望んでいることに支えられている反抗的なうるさい国々とアメリカがもはや争わなくてもいいこと[10]。

この二つの要素の指摘自体は正確だが、例によってオーウェル式ニュースピークからの翻訳が必要になる。第一の要素はソ連という障害がなくなった今、米国が思うまま力を行使して自らの意志を押しつけることができるようになったので、その結果、当然ながら世界中に恐怖と絶望が広がっているということ。第二点はアメリカ合州国のスタンスがつねに正当で公正であるという教義の表明であり、それゆえそれに反抗する者はソ連という邪魔者の「うるさい」手先であるということ。ここで議論している場合で言えば、このカテゴリーに含まれるのはNATOの同盟国すべて、非同盟諸国、実際のところイスラエルと米国をのぞく世界のほぼすべての国々ということになる。その例証となるのは、合州国が自らの拒絶主義と齟齬をきたすがゆえに毎年つねに邪魔してきた国連決議による和平プロセスの開始要求であるが、すでに見たようにこうした歴史的事実はメディアから見事なまでに除去されているので、どこかのウィンストン・スミス［訳注：オーウェル『一九八四年』の主人公］が二足す二を四だと懐かしがるのではないかと心配する必要もないのだ。

同様の成果が見られる例が、PLOの「現実主義」にたいするメディアの承認のジェスチャーだ。PLOは米国主導の「和平会議」に参加するアメリカとイスラエルの認可を得たパレスチナ人にお墨付きを与えたわけで、その会議ではシャミール・プランの受諾を「交渉する」ことは許されるが、ほかの何事も議論してはならず、まさにジェームズ・ベーカーが一九八九年末にはっきりと説明した筋書きどおりになったことになる。「ボストン・グローブ」の社説が典型的だ。(11) それによれば「PLOの弱体化の主たる原因はサダム・フセインの敗北であって、アラファトがサダムと同盟していたことの政治的・金銭的ツケが回ってきたこと、それに超大国としてのソ連の消滅である」。PLOの罪は一九九〇年五月の失敗したテロ攻撃の下手人を追放せず、それが米国とPLOの対話の破棄につながったこと、それとイラクのクウェート征服をアラファトが支持したことだとされる（実際にはイラクによるクウェート侵略をPLOは公に非難したのであるが）。

このような説はアメリカとイスラエルの拒絶主義を唱導するにはまことに便利なものだ。それがいかに偽りに満ちたものかは、ブッシュとベーカーの条件が米国とPLOの「対話」が一九八九年に進行していたあいだに押しつけられたもので、それはイラクのクウェート侵略よりもずっと前であり、ソヴィエト連邦も安泰だったという事実によって明らかだろう。さらにひどいのはブッシュとベーカーのプランがほぼ世界全部の反対を押しきって米国によるパレスチナ人の権利の拒絶を永続化するものにすぎなかったことだ。米国とPLOの対話なるものも、開始早々アメリカはPLOに拒絶主義によらない国際会議の開催をあきらめることと、「イスラエルにたいするテロ行為と見なされる」「反乱」（インティファーダ）を中止することによって現状を回復することを要求してきた。イスラエルの防衛大臣である労働党のイツァーク・ラビンはこの対話の真似事がインティファーダを武力で押しつぶす時間をイスラエルに与えるものとして歓迎し、事実その通りになった。こうした事実も政治的公正さの守護者である新聞からは除外されて、編集者もその同僚も自分たちの教養の必要に合わせて歴史を自在に発明しているのである。

もし不都合な真実がまったく手の届かないものではないとするなら、興味をいだいたどこかのジャーナリストが次のような問いを発してもおかしくない。これら「テロリスト」とされた者たちとの接触をはばむイスラエルの法の源はどこにあるのか、パレスチナ人たちが自らの交渉代表を選ぶ権利が得られないのはなぜなのか、ＰＬＯの代表者たちと面会したイスラエルの平和活動家のような望ましくない人物を逮捕できるのはどんな法的根拠のもとでなのか、と。イスラエルの指導的な法学者のひとりであるモシェ・ネグビが「国家元首との接触をはばむ法」という見出しの記事でその答えを与えてくれている。ネグビによればテロリストとの接触を禁止する法ができたのは「デヴィッド・ベン＝グリオン首相の個人的取り組み」に発している。それがとくにターゲットとしていたのは、イツァーク・シャミールと仲間のテロリストたちで、彼らが一九四八年末に国連特使フォルケ・ベルナドッテを殺害して新興国イスラエルにとってたいへん困った事態がおきたときだったという。この法律は一九七七年にリクードが選挙で勝つまで公式には撤回されなかった。(12) まじめな雑誌なら、テロを唱導する者が交渉のテーブルにつけないという条件がいったいどんな意味を持っているのかについても考察しようとすることだろうが、そんな雑誌が現れるにはきっと長い時間がかかることだろう。

先月の大きなニュースにはもうひとつ、核兵器減少のためのブッシュによるイニシアティヴがあったが、ここにも欠けた背景がある。政界全体の標準的説明は、核兵器が介入の「盾」として必要であったというもので、それゆえアメリカは「核の傘」のもとに「軍事的・政治的権力の有効な手段」となる「通常兵器や地上軍」によって「グローバルな利益」を追求することができるのだというものである（レーガン派のユージェーヌ・ロストウやカーター政権の国防相ハロルド・ブラウンの言葉）。この「傘」がもはや要らなくなったのでそれを（部分的に）たたむことはできるが、伝統的な敵にたいしていつでも使えるように強制の手だては残しておかなくてはならない。尊敬すべき政治家とされるロイド・ジョージが一九三二年の軍縮会議でイギリスの圧力を背景に一般市民にたいする爆撃の禁止を防げたときに述べた言葉がこの基本点を説明する。「我々は黒んぼを爆撃する権利を保持することを主張する」と彼は率直に述べるのだ。これが最低線であって、それは「傘」が要るかどうかには関係ないのである。(13)

自分を「左翼」と見なす人々はもうひとつの除外によっても心温まる思いをすることだろう。今度は「ニューヨーク・タイムズ」第一面の記事、アンソニー・デパルマによる「嘲りとともに政治的正しさと呼ばれる新たな左翼の正統派」だ。(14)デパルマは大統領ブッシュや多くの人々によるこの「正統派」にたいする非難をあつかっているが、彼らによれば人種主義や性差別主義に反対する者たちがこれまで大学のキャンパスを支配してきた自由を脅かしているという。議論のためにここでこうした非難が正確であると認め、こうした新しい正統派が覇権をにぎる前には黄金時代があったと仮定してみよう。それでもひとつの問いが浮かんでこざるをえない。なにゆえに人種差別や性差別に反対して他の諸文化への尊敬を訴えることが「左翼的」な立場であると、つまりそれゆえまともな人なら避けるべきことだと誰も彼もが当然視するのか？　問われることのないのはこの暗黙の前提であり、そこから派生する意味は小さくない。

不一
ノーム

『LOOT』第二巻一一号、一九九一年一一月

17 「鬼畜のごとき行為」

一九九一年一二月八日
『LOOT』御中

一一月一五日の新聞の大見出しは「アメリカ、リビアを非難。パンナム機爆破で二人起訴」とか「二百七十人を殺害し、テロリズムの恐るべきシンボルとなった」事件にたいする「報復を示唆」とか大音声をあげているものばかりだ。英国の外務大臣ダグラス・ハードは、それが「鬼畜のごとき悪逆行為でけっして見過ごしたり無視することはできない」と言う。「この世界を股にかけた捜査」では五十以上の国の捜査官たちが一万四千人から事情聴取し、「八百四十五平方マイルの地域から集められた何万という破片を調べた」。どの社説も厳正な処罰を要求する。「ニューヨーク・タイムズ」はこの起訴が「国際的な正義を厳しくしかも公正に達成するという責務を諸国に課す点で重大な問題を提起する」と言い、「ワシントン・ポスト」の編集者たちはこの「膨大な捜査」に敬意を表して、もしカダフィが容疑者を国外に出さないのならアメリカ合州国は「その政権と厳正に対処すべきだ」と主張する。そこで喚起されているのは、一九八六年のトリポリ空爆でアメリカが数十人の市民を殺害した事件で、そのとき米国は西ベルリンにおけるディスコ爆破にリビアの関与があったと「確信していた」わけだが、当時ドイツの捜査官たちはアメリカの記者たちにそのような証拠などないと伝えていたにもかかわらず新聞はその事実を押しかくして、後になってからメディアは静かに認めたという経緯がある。(1)

今回の反応はすべて足並みが揃っているわけではない。「ニューヨーク・タイムズ」は社説対面記事でテロの専門家が、リビアに関する証拠はあまりなく、この起訴は「政治的都合」によるものでいる。「本当の黒幕」であるイランとシリアを避けており、「パレスチナ人をも見過ごしている」と指摘している。この論説の著者はロバート・クッパーマンとタマラ・クッパーマンだが、前者は低水準紛争(LIC)の提唱者として有名で、それをいかに効率よく行なうかについての著書もある。低水準紛争とはクッパーマンの定義によれば、軍事力を威嚇かじっさいに使うかして「資源を十全につかいやすことなく政治的目標を達成すること」である。これは「テロリズム」とは区別されねばならず、後者は米陸軍マニュアルによれば「政治的・宗教的・思想的目的を達成するために」暴力を威嚇かじっさいに使うことと定義される。こうして巧みな論者の手にかかると、低水準紛争(気高く、わが国の政策)とテロリズム(鬼畜のようで、やつらの政策)との区別も容易になしうるというわけだ。(2)

イスラエル政府も「シリアに基盤を置くパレスチナのテロリストたちに責任があると確信している」とクライド・ハバーマンがエルサレムから伝えている。翌日A・M・ローゼンタールがコラム記事でブッシュ大統領が「すでに証拠のあるシリアとパレスチナの関与」からメディアをそむけていると非難している。二週間前ローゼンタールはニューヨークでエルサレム守護者賞をもらったばかりだが、その受賞理由は「ユダヤ人の権利を守ることへの尋常ならざる献身」のゆえであり、「誇り高いユダヤ人として自らの信念を述べることをおそれず」、「ユダヤとイスラエルにかかわることにおいて冷静で理性ある、しかし同時に熱のこもった発言」を行なってきたことにあるという(3)。

つまり反応にも一定の幅があるということだ。一方の極に、政府の言い分が公言されていることを根拠としてそれが証明されたと考える人々がいる。他方の極に、国際的テロリズムとエルサレムの守護者たちがいて、「見過ごされている」敵を徹底的に追及すべきだというイスラエルの立場をとっており、そのことが公言されていることを根拠としてそれが証明されたと考えている。こうした立場を表す専門用語は「自由な社会における独立した新聞」である。

この問題にかんしては多くの問いが論議されていない、以前からずっとそうなのだが。すぐに頭に思い浮かぶのは、この十年で最悪の航空機事故である一九八五年のアイルランド沖でのインド航空機爆破で三百二十九人が亡くなった事件だ。爆弾を仕掛けた犯人はアラバマの民兵キャンプから来たとされ、そのキャンプでは傭兵に中米などでのテロ行為（すなわち低水準紛争）の訓練をうけさせていた。以前傭兵だった者の証言によれば、キャンプの指揮官はアメリカ合州国の諜報機関とつながりがあり、彼自身がインド航空機事件に関与していて、どうやらそれはたがのはずれた「囮」作戦だったようだ。数ヵ月後インドを訪れた司法長官エドウィン・ミースはこのテロ作戦が合州国内のテロリスト訓練キャンプに発することをしぶしぶ認めた。一万四千人に事情聴取したわけでも八四五平方マイルを精査したわけでもないので、この作戦についてはほとんどこれ以上の事はわからないが、五十ヵ国とは言わないまでも一つか二つの国で捜査をしていたならばもう少しは真相が明らかになっただろう。しかし私たちが確かに知っていることが一つある。それはこの事件が「テロリズムの恐るべきシンボル」でも罰せられるべき「鬼畜のごとき悪逆行為」でもなかったということだ(4)。

パンナム一〇三便よりも多くの無実の人々が殺された航空機事故がもうひとつあって、これも無視するわけにはいかない。「一九八八年ペルシャ湾で米艦ヴィンセンヌによって誤って撃墜されたイラン旅客機」に乗っていた二百九十人が殺された事件で、それがロッカビーの爆破事件を引きおこしたかもしれないという説もある(メアリー・カーチス(5))。ヴィンセンヌはブッシュの友サダム・フセインを援助するためにペルシャ湾に派遣されていた艦隊の一部で、当時サダムはイランとの戦争で苦戦していた。ヴィンセンヌがイランのエアバスを打ち落とす少し前、そのヘリコプターによって二隻のイランの高速船が沈められている。米国政権によるサダム・フセイン支援の「外交・軍事・経済行動」の頂点をなす「イランのエアバス事故が起きてから」、イランは現実に直面して「テヘランにたいする軍事作戦を共同で行なってきた」「バグダッドとワシントン」にけっきょくは屈することになったのである(ディリップ・ヒロ(6))。

どうしてニュースの書き手がイラン旅客機は「誤って」撃墜されたと確信しているのかと問うてもいい、メディアの教義をたもつ必要性はまあ認めるとしても。誰もが納得しているわけではないからだ。たとえば合州国海軍の艦長デヴィッド・カールソンは「不信を声にだして表明している」ひとりだ。彼はヴィンセンヌの近くにいた自分の船から見ていたわけだが——当時ヴィンセンヌはイランの領海内にいた——その船が旅客機の航路上を飛んでいたあきらかに民間機とわかる飛行機を撃墜するのを目撃した。おそらくそれはハイテクのミサイルシステムを持つ「イージス艦の性能をためす必要」があったからだろうと彼は推測している。[7]ヴィンセンヌの艦長にはなにがしかのお仕置きがされねばならなかった。つまり、一九九〇年四月ジョージ・ブッシュは、「比類ない功績をなしとげた見事な軍功」とこの飛行機が撃ち落とされたあいだの「冷静で職務に徹した雰囲気」のゆえにこの艦長に（対空兵器をあつかう将校にも）殊勲賞をあたえたのだ。「この悲劇はメディアの教科書に載っていない」とAP通信は伝えている。メディアは国内で沈黙を保っているが、そのような訓練がゆきとどいていない第三世界では、アメリカ合州国のテロリズムを評するさいにはこうした事実も報告されている。[8]

イランは国際司法裁判所がこの犯罪にたいする償いを命じるよう要請したが、一九九一年三月米国政権はまたもや――ニカラグアにたいするテロ戦争の場合と同様――国際司法裁判所の裁定を拒否した。[9]この国の論者たちはペルシャ湾におけるわが国の国際法という崇高な行動に魅せられるあまり、この拒否を気づきもしなかったようだが。

英国ではテロリズム研究リサーチ・インスティテュートというこの分野で一線の研究をしている機関の所長であるポール・ウィルキンソンが、このイランのエアバス事件とアメリカ合州国による暴虐の歴史全般からみて、アメリカがリビアにロッカビーの爆破犯人を手渡せと要求するのは筋が通っていないと反論している。米国側の「議論はまやかしである」と彼は宣言する。イランの事件の場合、合州国政府は「悲劇的な事故とみとめ」「少なくとも犠牲者の家族になんらかの賠償を提供した」。そして「アメリカ合州国が多くの戦争に手をそめ、そこで多くの人が殺されているという事実があるからといって、無実の市民にたいする攻撃が正当化されるわけではない」。[10]イランの事件に関する「賠償」についてのウィルキンソンの見解はいくつかの事実を省略していることはすでに見たことから明らかだろう。また二番目の反応については、たしかに正しい意見ではあるが問題を孕んでもいる。つまり些細なことかもしれないが、もしXという国が「多くの戦争に手をそめ、そこで多くの人が殺されている」という事実によって、それとは関係のないYという国による暴虐がゆるされないとするなら、この議論の要点はなんだろう？　より興味深いのはこの点を述べる言い方で、それが正しいのは、たとえばソヴィエト連邦をアフガニスタンで「戦争に手をそめ、そこで多くの人が殺された」と記述するかぎりにおいて、あるいはヒットラーがポーランドで、日本が満州でと言うかぎりにおいてである。

ウィルキンソンのこうした言い方は驚くべきものではない。ウォルター・ラッカーのような尊敬すべき学者たちと同様、ウィルキンソンもここでテロリズムが国家の公式の敵が犯すものという伝統にしたがっており、国家が犯した犯罪はテロリズムの範疇には入らないと考えているからだ。(11)同じことが独裁国家についても言えるわけで、国家が主体ならば少なくとも情状酌量の余地があるというわけである。

英国の外務大臣ダグラス・ハードもおなじ慣習にしたがっている。言うまでもなく英国やワシントンにいるその親玉が犯した犯罪は「鬼畜のごとき悪逆行為」には数えられないし、同じことが彼らのお気に入りであるサダム・フセインやスハルト将軍にもあてはまる。だから一九九〇年二月にホワイトハウスがイラクの民主主義者による議会制民主主義の要求を非難したとき、英国外務省はイギリスとイラクの友好関係をそこなうことを恐れてイラクのテロ活動を公に批判するのを控えることで協力したのである。二ヵ月後、ロンドン「オブザーバー」紙の記者ファルザド・バゾフトが処刑されるといった暴虐事件が起きたときも、ハードの反応はイラクとの関係維持の必要性を強調することだったのである。[12]

かくして数ヵ月後、サダムが（命令にしたがわないという）彼にありうる唯一の罪を犯したとき、私たちは国際法の神聖さとか、違反者は交渉の余地なく残酷に罰せられねばならないという新たに発見された原則を高らかに教えていただく光栄にあずかることとなった。その一方でインドネシアは好機とばかり、併合した東ティモールの領土でふたたび大規模な軍事活動を展開したわけで、その民族虐殺とも言うべき暴虐に規模はイラクのクウェート侵攻の比ではない。英国は今度も協力を惜しまず、ブリティッシュ・エアロスペースがインドネシアに共同生産合意とともにジェット戦闘機の売却契約を結び、「極東経済報告」によればそれは「アセアン諸国にこれまでなされたなかでも最大の武器輸出契約となりうる」ほどのものだったという。こうして虐殺は続き、今度はオーストラリアがインドネシアとティモールの石油を奪う契約を結んだのである。[13]西洋文明は高貴な行動にも、そして我らが崇高な理想を述べる雄弁な論者にも事欠かないというわけだ。

一一月八日、リビアが殺害の被疑者手渡しを拒絶したことへの怒りが渦巻くなか、コスタリカの外務大臣がふたたびアメリカ合州国に逃亡犯罪人引渡し国際条約を遵守して、一九八四年ラ・ペンカの記者会見場を爆破して六人を殺害した事件に関与したジョン・ハルを計画殺人と武器・麻薬密売などの容疑で引き渡すよう要求した。[14]コスタリカは公式の引き渡し要求を四月に行なったが、私の知るかぎり、その後コスタリカによる再度の要求もアメリカ合州国による反応も（何らかの反応があればの話だが）報道されていない。

コスタリカにおけるテロリズムがまったく耳目にふれていないというわけではない。同じ年の二月にラ・ペンカやロッカビーをはるかに上回るテロ事件にたいする反応として、ワシントンの政権はコスタリカに約束していた一千万ドルの経済援助を凍結した。これはアメリカの実業家ジョゼフ・ハミルトンが所有していた土地を、コスタリカ政府が米国のきびしい圧力の下、コントラへのアメリカの武器供出を禁止する議会の禁令に違反して秘密の飛行場として使うことを許可したことに関わる。こうした事実が明らかになると、コスタリカ大統領アリアスはこの土地を接収してサンタ・ローザ国立公園にするよう命令を下したが、ハミルトンが（他の実業家とともに）賠償が十分でないと主張、それを受けた人権の厳正なる守護者たるアメリカ政府がコスタリカへの報復に援助を凍結したというわけである[15]。

権力者の傲慢さは凡人の想像力をかくも超えているのだ。

アラブ連盟の支持を受けたリビアは「中立の国際調査委員会か国際司法裁判所」にアメリカ合州国と英国が訴えでることを承認すると申し出たが、フレッチャー司法外交専門学校のアルフレッド・ルービン教授はつぎの単純な要点を指摘する。すなわち「リビアにたいする嫌疑が根拠のあるものなら、リビアの提唱するように国際司法裁判所にこの事件を訴えでることはきわめて有益で何も失うものはないはずである[16]」。しかしブッシュ政権は頭からあらゆる中立の調査を拒絶してきた、とＡＰ通信は言う。ルービンの論理は完璧だが、それに従おうとする者はほとんどいない。

私の見たかぎりでこの事件全般に関するもっとも洞察あふれるメディア・コメントをしたのは「ボ

ストン・グローブ」の第一面の体裁を決めている責任者によるものだ。リビアにたいする嫌疑を伝えるトップ記事のとなりに「ブッシュ大統領は自らの国内政策をめぐる人々の憂慮にこたえる計画を進行中」という一文で始まる記事がある。(17) これほど事態の本質を言い当てた文もないだろう。

事実リビアは一九八一年なかごろからアメリカの国内問題をそらす叩かれ役として使われてきた経緯がある。(18) レーガンとブッシュによる国民攻撃の影響が隠せないほど深刻になっている今、私たちは過去のシナリオが再現することを楽しみに待つことができそうだ。こうしたときにはつねに恐ろしい敵と奇跡的な大勝利をもたらす英雄的指導者が出現する。過去十年間この国を支配してきた国家主義的反動がつくる金持ちのための福祉国家に人々が奉仕するのをふせぐ方策を見つけるのは容易ではない。この時代の膨大なツケを支払うのは、人口の多数派を占めるふつうの庶民と未来の世代なのだけれども。

不一

ノーム

『LOOT』第三巻一／二号、一九九二年二月

18　政治的に適正なる思想警察

一九九二年四月六日
『ＬＯＯＴ』御中

メディアにたいする批判の焦点は、通常ニュースや論説記事がただしい思考を導いているかにあるが、メディアに載る書評もまた教養統制システムの興味深い要素のひとつだ。とくに「ニューヨーク・タイムズ・ブック・レヴュー」は資力にかぎりのある読者や図書館員にとってガイドの役割を果たしており、編集者たちはたんに正しい本を選ぶだけでなく、政治的適正さの基準にしたがう書評者を選定する必要がある。今日取り上げるのはその例で、先月（一九九二年三月）の三週間から続けて選んだものである。

どんなシステムを研究するにもまったく異なるものを考察することでそのシステムの特徴を抽出するのがしばしば有益となる。そこで手始めに私たちの社会と真逆に近い社会であるブレジネフ時代のソヴィエト連邦を見てみよう。

まずは政策形成から。ブレジネフ時代のソ連では経済政策が中央集権によって秘密裏に決定され、一般の人々の参加はなく、あったとしても共産党をつうじて周縁的なものでしかなかった。政治的決定もほぼ同じ人たちによってなされ、政治システムと言ってもほぼ無意味で下から上への流れはまず存在しないに等しかった。

次に情報システムだが、それも経済的政治的権力の配分によって制限されざるをえない。ブレジネフ時代のソ連においてもなんらかの幅が許されており、中央権力内の意見の相違にしたがってその振幅の程度が決まっていた。たしかにメディアは支配者にとって従順すぎるということはなかったから、たとえばアフガニスタンでの戦争時にメディアはアフガニスタン人民を守るソ連の英雄的戦いの相手である帝国主義者とその手先である地域のボスたちに迎合して人々の気力を削いだと非難された(1)。独裁主義者にはどれだけ従順であっても十分ということはないのである。

地下出版組織や外国からのラジオ放送のような反体制派のオルタナティヴ・メディアも存在した。アメリカ合州国が資金を提供した一九七九年の研究によれば、ブルーカラー労働者の七七パーセント、中産階級エリートの九六パーセントが外国放送を聞いており、地下発行の新聞は専門職の人々の四五パーセント、政治指導者の四一パーセント、管理職の二七パーセント、ブルーカラーの一四パーセントに読まれていたという。またこの研究によれば、ほとんどの人々が生活状態には満足しており、国家が提供する医療を支持し重工業の国家統制にほぼ賛成だった。外国への移民は政治的理由よりは個人的な理由によりものが多かった。ちなみに移民を称するにわが国では「経済的難民」と正確な言葉遣いをするわけだが、要するにこれはアメリカ合州国が支援するギャングどものテロから逃亡してきた犠牲者たちを受けいれる価値のない者として国境で追いはらうために使われている用語である(2)。

反体制派は「反ソ的」「資本主義・帝国主義の支持者」として厳しく糾弾されたが、それは彼らがパレードで国家の敵の犯罪を弾劾するかわりにソ連のシステムとその政策の及ぼす害を非難したからだ。エルサルバドルのようなアメリカ合州国の属国とは違ったやり方でだが、反体制派にたいする罰も過酷だった。

とくに目立った特徴をなすのが「反ソヴィエト連邦」という概念である。似たような概念はナチスドイツやネオナチ将軍支配下のブラジル、あるいは独裁主義文化一般に見られるが、比較的自由な社会ではこうした概念は嘲りの対象にしかならない。たとえばミラノやフィレンツェでの国家権力にたいするイタリア人の批判者が「反イタリア主義」として非難されるさまを想像してみたらいい。「反ソ」のような概念は独裁主義的文化の商標とも言え、この言葉をまじめな顔で使えるのは体制に献身するユーモアの欠如した党の人民委員のような人たちだけである。

行ないのよい党員ならば反ソヴィエト主義などといった犯罪をおかすはずもない。彼ら彼女らの責務は国家とその指導者を賛美することで、さらによいのはときどき指導者たちが大原則から逸脱していると批判し、つまり主張よりは前提によってプロパガンダの質を保つという常に有効なテクニックを駆使することだ。ソ連でプロパガンダをになう人々は指導者たちがアフガニスタンをパキスタンとＣＩＡによって「操作された内部の攻撃」から守る戦いにおいて過ちを犯したとして非難するかもしれない。指導者たちが理解すべきだったのは、これが「アフガン人の戦争であって、もしそれを白人の戦争に変えてしまったら我々は負けるだろう」ということだったのだ。同様にナチスのイデオローグなら、東部戦線におけるドイツ人とスラブ人の「遭遇」は「いけすかない」ことだったことを認めたかもしれない。しかし相対的に反芻してみれば、それは「どちらも死力をつくして支配下におさめたかった領土をめぐる競合民族同士の全面戦争」だったわけで、スラブ人にとって「この争いの賭け金」はドイツ人が「財産だけでなく生命をも賭して新しい人生を新天地で築こうとする」「生活圏」を必要とするほどの「死活問題ではなかった」。スラブ人は結局のところシベリアに引っ込むことだってできたのだから。これらの引用がどこからされているのかは、すぐに明らかになる。

こうした観察をもとに今度は我が自由社会に目を転じてみよう。

まずはこちらも政策形成から。経済政策はひそかに作られる。法や原則に関する一般人の関与は皆無。幸運な五百人をとればソ連の共産党政治局よりはさまざまな人からなっているだろうし、市場メカニズムは統制経済よりもはるかに多様性を保証するが、企業、工場、ビジネスはファシズムの経済的代替物で、決定とコントロールは完璧にトップダウンだ。人々は購買を押しつけられているわけではなく生存するために自分を貸し出すことも強制はされないが、現実には多くの人にとってそれらが唯一の選択である。

政治システムは経済力と密接に結びついており、そのことが個人レベルでも社会レベルでも政策に大きな影響をおよぼす。一般人が政治の舞台に出てくることは禁止で、リベラル派のエリートはそうした試みを「民主主義の危機」とみなして危険視し、国家主義者の反動には（現代のニュースピークでは「保守主義者」と呼ばれる人たちだが）こうした一般人の努力はたえがたい。政治システムが下から上に流れることはまずなく、例外はローカルな地域レベルだけである。公衆は政治システムをほぼ無意味なものと考えている。

メディアには一定の意見の幅があるが、国家と企業の網の目のなかでの戦術的な相違にすぎない。たしかにメディアはプロパガンダをつかさどる人々からみればけっして従順ではなく、たとえばヴェトナム戦争時、メディアはヴェトナム人民を守るアメリカ合州国の英雄的戦いの相手である帝国主義者とその手先である地域のボスたちに迎合して人々の気力を削いだと非難された。この自由の家を研究したある本にはきわめて劇的な例が示されている。[3] ここでも独裁主義者にはどれだけ従順であっても十分ということはないのだ。

反体制派もいれば別の情報資源もある。海外のラジオ放送はほとんど誰にも聞かれないがオルタナティヴ・メディアは存在する、とは言ってもソ連の地下出版物にくらべれば物の数には入らない。反体制派は「反アメリカ的」「共産主義の支持者」として厳しく糾弾されるが、それは彼らがパレードで国家の敵の犯罪を弾劾するかわりにアメリカのシステムとその政策の及ぼす害を非難するからである。しかしながら彼らにたいする罰はきびしくない、少なくとも彼らが特権層で思想的に由緒正しければ。「責任ある知識人」ならば「反アメリカ主義」などといった犯罪をおかすはずもない。むしろ彼ら彼女らは責務を果たして国家とその指導者を賛美し、さらに良いのはときどき指導者たちが大原則から逸脱していると批判し、つまり主張よりは前提によってプロパガンダの質を保つことだ。

ここにおいてもとくに目立った特徴をなすのが「反アメリカ合州国」という概念で、独裁主義的心性の商標そのものである。

さてここで「ニューヨーク・タイムズ・ブック・レヴュー」に目を転じて、書評に注目してみよう、本ではなく。

三月一五日号にモートン・コンドラックによるポール・ホランダーの著書『反アメリカ主義』の書評が載っている。この本の著者も書評者も米国政府とその顧客がおかした犯罪の忠実な弁護者である。コンドラックはこの本が反アメリカ主義という罪をあばきだした功績をたたえるが、ホランダーが下院議会の左翼的逸脱の例証として身障者への給付金を取り上げたことは行きすぎだと考えているらしい。

「反アメリカ主義」(「左翼」あるいは「マルクス主義者」と同等)を定義して著者であるホランダーは、「現在の社会のありように総じて批判的な態度」、「この社会が根本的な欠陥を抱えており未来のないものでありながら、その構成員と人間性にとって脅威となっている」という「文化的信念」であるとする。コンドラックは「左翼がその思想の価値以上にニュースメディアにおいて尊敬と注目を集めている」ことに同意し、大学や教会では「強い影響力を持っている」とする。しかし状況は絶望的というわけではなく、この国には「マルクス主義とか反アメリカ主義」の主要新聞は「ひとつとしてなく(あるいは主要新聞の書き手はおらず)」、(危険なほど反アメリカ的な)「主流の教会」はメンバーの数が減っている。幸いなことに「現在の社会のありように総じて批判的な態度」を持つ人たちはほぼ完全に沈黙させられているのだが、それでも我々は注意して異端思想が小さな穴から漏れでないようにしなくてはならない。

コンドラックがとくに怒りをおぼえるのは「共産主義という別の選択肢が崩壊した」にもかかわらず反アメリカ主義者が(定義上共産主義に同情的だ)「永久に反体制的な文化」を維持し、「自らの国家を憎悪している」ということだ。彼らはサンディニスタのような悪者どもが「人類の明るい未来を代表している」といったとんでもない主張が「まったく間違っていた」ことが証明されても「いまだにあきらめることなく」、あるいは叫ぶだけでは満足せず、まるでそれが現実であるかのごとくサンディニスタがニカラグアの人々に希望をもたらしたなどと言う。この場合こうした犯罪に手を染めているのは、世界銀行や中央アメリカの民主主義を主導する中米イエズス会、アメリカ企業とＣＩＡの信奉者であるホセ・フィゲレスなどかなり広い層が含まれる。まさにこのことが反アメリカ主義的陰謀の恐ろしさを示すのだ。さいわい「ニューヨーク・タイムズ」の読者は反アメリカ主義のこうした広がりには気がつかないですんでおり、この疫病に伝染しないようにこの新聞を含めたさまざまな方策によって守られているのである。(4)

コンドラックはどのように反アメリカ主義にたいする反論がなされているかを示しはしないが、彼のこれまでの記録からみるかぎり、一九九〇年二月にニカラグアで「民主主義がとつぜん誕生」して「一連の喜ばしい民主的驚異」を新規にもたらした政治的手法を賛美した「タイム」誌の記事に同意するだろうことは明らかだろう。その記事によれば、「経済を破壊し、長期にわたって多くの死者を出した代理戦争を遂行した結果、疲弊した人々が自ら望まざる政府を転覆した」のだが、そのわが国への負の影響は「最小限」ですみ、犠牲者たちには「壊れた橋、機能しない発電所、荒れ果てた農園」が残されたので、アメリカ合州国の応援する候補者には「ニカラグアの人々の貧困」を集結させるという「勝利を約束する議題」が提供された。コンドラックはテロリズムの暴力や非合法の経済制裁が（飢餓や病気、幼児の死といった）幸福な結末をもたらしたことをこの記事と同じくらい熱心に支持しており、その「民主主義」への愛もおなじ類いのものだ。(5)

コンドラックの説明によれば、反アメリカ主義者は「自分が生きている世界と闘う喜び」だけで動かされている。証拠は必要ない。それ以外に「現在の社会のありように総じて批判的な態度」を説明できるだろうか？　だが彼は高らかに結論する、「アメリカをきらって叫んでいるのに、こうしたアメリカ嫌いがこの国を出て行ったためしはほとんどない」。愛そうが出て行こうがかまわないけれどもこの国のすばらしさをけなすな。独裁主義的文化といえどもこれほどの高みに達することはあまりない。

次の週の号（三月二二日号）ではカレブ・カーが一八六二年のミネソタにおけるスー族の反乱についての本を書評している。まず政治的に適正な左翼ファシズムの悪をけなすお決まりの文句を並べてからカーは、「ミネソタでの遭遇」が「どちらも死力をつくして支配下におさめたかった領土をめぐる競合民族同士の全面戦争」だったと説明する。一方の征服民族にとって「居住地は彼らのほぼ最後の希望」であり、「財産だけでなく生命をも賭して新しい人生を新天地で築こうと」していたのだ。他方先住民たちにとって少なくとも当初「この争いの賭け金」は「死活問題ではなかった」。彼らは結局のところさらに西部に引っ込むことだってできたのだから。カーはこの「遭遇」を「いけすかない」ものだったと描写し、どちらの民族にも罪があったと認める著者をほめる。スー族の犯罪は血なまぐさく詳細がしるされ（「凄惨なふるまい」、「サディズムと血への渇き」、「とくに幼児や子どもの虐待への嗜好」などなど）、「生活圏」をもとめる移住者たちの描写には異なる文体が使われる（条約不履行、三十八人のスー族の処刑、反抗の「罪」のない者たちをも追放したこと、などなど）。しかし「遭遇」における必要性の不均衡を考えれば、この差は当然のことである。(6)

次の週（三月二九日号）読者は、アーサー・シュレジンガーによるジョン・ニューマンの著書『ジョン・F・ケネディとヴェトナム』の書評を読むという光栄に恵まれる。ケネディの聖人伝である本をケネディの聖人伝の著者として有名な書き手が書評するという豪華版だ。もちろん著者も書評者も批判的なスタンスを崩さず、彼らの英雄が正面切った攻撃ではなく「限定的な戦争」（つまり全面的な国際的テロリズム）に高邁にも関与したことを隠した過ちを強調する。たとえばそれはケネディが一九六一年から六二年にかけて仕掛けた低度の攻撃のことをさすわけで、この事実もまた公然と言ってはならないことの一つである。(7)

シュレジンガーはニューマンの「手堅い貢献」をほめちぎり、この本が「文書資料の微にいり細をうがった調査」とかに基づいていると言うが、この驚くべき評価についてはは別の議論が必要だろう。(8)シュレジンガーの信じるところでは、ケネディがたとえ勝利を得られなくてもヴェトナムから撤退する意図があったとするニューマンの説は「基本的に正しい」。さらにシュレジンガーはつけくわえて、自分も同じことを三十年前『ケネディ：栄光と苦悩の一千日』というケネディ政権の記録をえがいた本で指摘したと述べ、その本で彼は「これはヴェトナム人の戦争であって、もしそれを白人の戦争に変えてしまったら我々は負けるだろう」というケネディの見解を披露したという。

シュレジンガーはリンドン・B・ジョンソンも政権の座を継いだとき似たような言葉を吐いたことは言おうとしない。ジョンソンは一九六四年の選挙運動時に「我がアメリカの青年たちがアジアの青年に代わって戦う」ことを望まないと公言したからだ。なるほどこれはシュレジンガーの言うケネディの言葉とは完全に同じではない。ジョンソンの力点は原則にあるが、シュレジンガーの引くケネディの場合、それはまったく都合の問題でどうすれば勝てるかに中心があるからだ。しかしそのことを除外すればシュレジンガーの論理によれば、ジョンソンは戦争の激化よりも撤退のほうに深く関与していたということになる。

シュレジンガーが言及しないもう一つの事実は、戦争がまだこの国のエリート層の人気を失う前の一九六五年に出版されたこのケネディ政権時代の歴史をほとんど日録風に描いた彼の九四〇頁におよぶ本に、ケネディが撤退する意図を持っていた（ましてや勝利を得られなくても撤退する）ことを示唆する文句はひとこともないということである。この端的な事実から推測されうるのは次の三つの可能性だけである。（1）歴史家がそのことを隠していた。（2）このケネディ側近がそのことを知らなかった。（3）これが事実ではない。この三つの選択肢のうちどれを選ぶべきかは興味深いところだが、この書評にも他のどこにもヒントはなく、シュレジンガー自身も、あるいは勝利を得られなくても撤退するというケネディの意図を信奉する根拠としてシュレジンガーを引用する者たちもそのことには触れていない。

著者も書評者もケネディのこうした秘密の意図をくじいた罪を悪辣な軍部になすりつける。どちらもシュレジンガー言うところの「ヒステリカルな一九六二年の覚え書き」に言及する。そのメモには統合参謀本部による「南ヴェトナムが共産主義の手におちれば東南アジア全域がいずれ共産主義の支配にくだり」、アジアのほとんどすべての地域がいまだに軍部が頑固にも「中国・ソ連ブロック」と呼ぶものに屈するだろうとの予言がされている。「このような誇張」が「軍部にたいするケネディの評価の低さが正しいことを証明していた」とシュレジンガーは説明する。

そこで『ケネディ：栄光と苦悩の一千日』を読んでみると、「中国・ソ連ブロック」にこだわっていたのは実はケネディの国務省だったことがわかる。さらに南ヴェトナムにかんする「誇張」は一九四〇年代にさかのぼれるほど内部文書ではいつものことで、それだけ歴代のアメリカ政府は共産主義の成功に恐れをなしていたのだ。シュレジンガーはまたケネディがこのことをどう考えていたかも私たちに伝えていない。一九五六年当時上院議員だったジョン・F・ケネディはヴェトナムを「東南アジアにおける自由世界の礎石、アーチのかなめ石、堤防の決壊をふせぐ指」と呼んでいた。つまりビルマ、タイ、フィリピン、日本、インドの「安全保障は共産主義の赤い潮流がヴェトナムに流れ込めば脅かされる。さらに自由主義圏ヴェトナムの独立が自由主義世界にとって肝要なのは軍事面だけではなく、その経済は東南アジア経済全体にとってきわめて重要である。そしてヴェトナムが政治的自由を保つことはアジア全域、そして世界で自由を獲得し維持しようとしている人々にとっての励ましなのだ。わが国の外交政策の基調は端的に言ってヴェトナム国家が強力で自由であることにかなりの程度依存しているのである」。つまりディエムの独裁主義による暴政と、一様に認められているとおり国内からほとんど支持されていないテロ国家の強さが必要だと言っているわけなのだ。

おそらくケネディは後になってすこし軌道修正したのでは……。それはありえない。最後まで彼は「我々にとってここから引きさがることは南ヴェトナムだけでなく東南アジアの崩壊をまねく。だから我々は留まるのだ」と主張していたのだから（一九六三年）。撤退は「共産主義にとって事を容易にするだけで」、彼らはやがて東南アジア全部にひろがってしまうだろう。だから我々は「戦争に勝たなくてはならない」（一九六三年九月）。極東への援助の減少さえも東南アジアを共産主義にわたす恐れがあり、それはインド、そして中東にさえ「影響を及ぼすことが避けられない」(一九六三年三月)。これに比較すれば統合参謀本部のほうがずいぶんとおとなしく聞こえる。

最後までケネディは、我々の「目的」が「北側に操作されている内部からの攻撃が終わる」よう力をつくすことにあるという立場をおおやけに変えなかった(一九六三年一一月一二日)。内部文書もほぼ同じことを伝えている。(9) ニューマン同様、シュレジンガーも撤退に関する内部情報の持ち主としてマイケル・フォレスタルとロジャー・ヒルズマンに言及するが、フォレスタルがはっきりと撤退の条件に勝利をあげ、「北ヴェトナムと南ヴェトナムの交渉による解決」の試みも「愚行」と非難していた(一九六三年一一月一三日)ことは付け加えない。ヒルズマンは少なくとも一九六七年の著書『国を動かす』のなかで一九六三年一〇月のテイラーとマクナマラによる撤退提案(部分的に国家安全保障法二六三号で承認された)の概略を示している。彼の判断によれば、ケネディは勝利を得られなければ「アメリカ合州国地上軍を南ヴェトナムに投入したことだろう、ただ戦闘をすべて請け負うことを軍に命令したとは思わないが」ということだ。

教義上の純粋さを保つためには、ケネディがヴェトナムから撤退する意図を持っていたことを証明する必要はない。むしろ重要なのはアメリカ合州国の戦争をめぐる議論がハト派とタカ派との振幅の内部に限定されることである。許される選択は国際的テロリズム(ジョン・F・ケネディがその候補だ)と全面的侵略(リンドン・B・ジョンソンとケネディ暗殺後もやめなかった助言者たち)とのあいだにしかないのだ。そしてあらゆる選択肢は浄化される必要がある。それはケネディの言葉をつかえば「内部からの攻撃」にたいする防禦なのだから。事実、彼も知っていたように、その「攻撃」とは政治的な手段ではとても勝ち目のないアメリカの支援を受けたテロリスト政権にたいして、現地にゲリラがしかける攻撃にほかならなかったのであるが。
もしこのような目標が達成されるならば、プロパガンダ・システムはその責務を果たしたことになるのだ。

不一
ノーム

『LOOT』第三巻五号、一九九二年五月

19　安らかに眠れ

一九九二年八月六日
『LOOT』御中

七月二三日の「ニューヨーク・タイムズ・ブック・レヴュー」の第一面の見出しに「歴史を殺すことはできない」とあるが、これは私たちの国が反対のことばかり行なってきた五百年の節目を迎えようとするに当たってじつに興味深い発想というべきだろう。たとえば私たちは先住民人口のあつかいをめぐってこの国の知識人たちが何をしてきたかを問うてもいい（「ニューヨーク・タイムズ・ブック・レヴュー」に関してはその典型的な例として第一八信を見よ）。あるいは奴隷たちを運んだ大西洋航路やその後の出来事について。あるいはわが国のラテンアメリカにおける行状、とくにポル・ポトのようなテロリズムに極まったこの十年間の行ないについて。あるいはインドシナにおける戦争について。あるいは「事実を記録する新聞」がとくにこの歴史的時節にあって歴史の殺害をめぐって思考するというときにその平安をかきみださざるをえない他のいくつかの問いについて。

しかしどうやら心配しなくてもいいようだ。フレデリック・スターによるこの論説は安全で狭い視野に留まっているようなので。彼は言う、「かつてのソヴィエト連邦における歴史は人間の身体における癌のようなもので、必死に否定された目に見えない存在であり、それにたいして考えうるあらゆる武器が動員されたものだった」。スターは「一般の人々の記憶を抑圧することが仕事であった強い権限を持ったソ連の官僚たち」のことを想起し、そうして消された記憶のそれぞれが「歴史という癌」の「凄惨な物語」を孕んでいるという。しかしそれも最後には「歴史の潮流には勝てなかった」らしく、権力基盤の崩壊した検閲官たちの末路やいかに、というわけだ。

どんな社会においても歴史の守護者を任じる人々は、国家が公式に認定した敵の欠陥にきわめて敏感なものである。

歴史を抹殺する露骨なやり方は嘘をつくことだが、もうすこし効果的な方法としては許容できる言説の幅を設定することもできる。同時代の出来事の報道においてこうした方法はほぼ当たり前のことになっており、それについては多くの文書資料が残されている。この方法はまた主流の(「責任のある」)メディア批評の常道で、許容できない真実を頭の外に追いやっておく確実な方策でもある。だからアメリカ合州国の第三世界にたいする暴虐にかんしてメディアがおとなしいことを例証することは子どもでもできる。よって私たちが問うべきはメディア批評が反体制派的熱意をどこまで推し進めることができるのかということだ。典型的なのが中米や中東をめぐるメディアのあつかいの学術的研究であり、それはひとつの問いに収束する——メディアにおける反米、反イスラエルの風潮はまったく統制のきかないものなのか、それとも許容しうる範囲に留まっているのか、という。[1] こうした批評のテクニックには堅固な忠誠心が必要だが、それについては保証済みだ。

こうした歴史抹殺の方法はどんな野望あふれる検閲官にとってもおなじみの仕事道具のひとつだろう。したがってこれはイデオロギー涵養機関のはたらきに真摯な興味を持つ人にとって、終始驚きとは言わないまでも挫折の原因となりうる。かりにXの場合においてメディアが国家と私企業権力の利害にしたがって現実を歪曲したことが、堅実で確固たる結論をみちびく証拠と注意深く適正な資料の選択をつうじ物理学的基準によって証明されたと想定してみても、この証明全体をくずすことはいとも簡単である。最初の一歩は証明そのものを無視すること、あるいは二、三のあざけりの言葉や嘘とともに一応それを認知しておくこと（表現手段の支配が圧倒的であればこれはきわめて有効で、たとえ反論されても繰り返しすりこんでおくことで果たされる）。第二のステップは大文字の重大な問いを提起すること。すなわちXの場合、メディアは（そして知的共同体全般は）あまりに反米的だったのではないか、あるいはアメリカ的価値や組織にたいする非難においてあまりに苛烈で極端にすぎたのではないか、あるいはアメリカの良い面も見ようとするきわめて小さな声に注目して少なくとも何らかのバランスを保つ努力をしたのだろうか、といった具合に。これが適当な問いであることを示すのに証拠はなにもいらない。これこそが唯一の問いなのだと言ってしまうことで、なんらかの批判的思考が頭に浮かぶ可能性さえも封殺してしまえばいいのだ。こうして私たちは政治的適正さにたいする挑戦が最初から除去されていることに安心しながら、その大文字の重大な問いだけを議論することになるのである。

こうした「プロパガンダ・モデル」は、権力に役に立つかどうかがメディアの産出物にたいする影響の基本的な要素であると考える。この仮説が正しければ、このモデルの結論が堅固であればあるほど、その結論は周縁化され嘲りの対象ともなる。上に述べたテクニックが好ましい方策なのは、それが望ましい効果を生むだけでなく、異議申し立ての声が聞こえてくる恐れを回避することができるからだ。このことがこのモデルから予測される多くのことの一つであり、それはさまざまなかたちで実証されている。(2)

このテクニックを例証するのが、長年イスラエルのナショナル・パブリック・ラジオで報道してきたジム・レダーマンによる最近の著書『戦闘の境界線』である。「ニューヨーク・タイムズ」の書評者トゥルーディ・ルービンは、この本が根本的な問いにたいする「いくつかの思慮ぶかい洞察」を含んでいると冒頭で言う。その問いとは、「米国のニュースメディアがイスラエルの問題を公平に報道しているか」、つまりそれがイスラエルにあまりに批判的でパレスチナの見方に偏りすぎ、つまりは反セム主義的ではないかというものだ。(3) かくして議論の幅は適正に設定され、現実世界が介入してくる恐れはないというわけである。

ちなみに私たちとしては、ナショナル・パブリック・ラジオが自ら「イスラエルの支持者」を任じる人たちからPLOの宣伝機関ではないかとはげしく非難されていることは知っておいてもよかろう(「イスラエルの支持者」というのは私の意見では、より正確に言うと、イスラエルの堕落と最終的な破壊の支持者のことだ)。なにが彼らを怒らせているかをじっくり見てみれば、これら「支持者」たちの価値観や構成があきらかになってくる。それはともかく、どこでも言えることだが、プロパガンダ・システムをおもに支えているのは許容可能な限界点で異議申し立てをして「ここまではいいが、これ以上はダメだ」と事実上言うような人たちである。ここで引いたどちらの本(ボリング、レダーマン)もこの重要な条件をみたしている。

レダーマンはメディアがPLOに多くの勝利を提供してきたと言う。「PLOの初期のメディアにおける成功」のひとつとしてあげられるのは、パレスチナ人の国家への権利が「極右」をのぞけば「今日まず疑問視されていないということで、その一方でアメリカのメディアはイスラエルの「国家建設の計画」に「乗せられる」ことを拒絶している。「アラファトに面会したおおくのジャーナリストたちが彼に魅惑され、その世俗的な民主主義国家のプランを有効なアイデアとして認めた」のだが、しかしそのアイデアはメディアのなかで「ゆっくりと死滅していった」。しかしアラファトを穏健なイメージで伝える手法は「メディアの常道となってきた」のだが、レダーマンはレオン・クリングホッファーの殺害でも示されるようにそれがふざけたことだと嘲りをもって批判する（対照的にほんものの穏健派はシモン・ペレスであるとされており、どうやらほんの一週間前にチュニス爆撃で七十五人を殺害したこともあまり影響していないらしい）。

七〇年代初頭にゴルダ・メイヤーが「メディアに働きかけてアラブ側の視点といっしょにイスラエルの見方もすくなくとも入れてくれるようにと」（強調はレダーマン）努めたことがあったが、それは失敗に終わった。一九七六年までに占領地のパレスチナ人が「海外のジャーナリストのインタヴューの焦点」となり、すぐにアメリカ合州国のメディアも「新聞との協力というパレスチナのシステム」に従うようになった。パレスチナよりの姿勢がジャーナリストたちにとって自然なことだったのは彼ら・彼女らの多くが「アメリカ合州国の公民権運動の時代に成長した」からで、それゆえパレスチナ人を「中東における米国の黒人と同等のもの」とみなし、イスラエルはアラバマの保安官ということにされたのだ。一九八〇年代中葉ともなると「外国の新聞はパレスチナ側の報道パイプラインとしていつでもニュースを報道する用意をしていたのである」。

メディアから少なくともなんらかの注目をあつめようとしたイスラエルの試みは、サダトが一九七七年にエルサレムを訪問してイスラエル側が「まったく準備できていなかった」和平への関心をしめすにいたってさらなる打撃をこうむった。レダーマンが一九七四年にエジプトを訪れて「驚いたことに」エジプト政府が「イスラエルとなんらかの長期的政治解決を欲している」ことを知って、その「発見をイスラエルの政府筋の人間に伝えても」彼らは「まったく相手にしてくれなかった」のだが、一九七七年以降、「イスラエルはこれまで以上に海外のメディアが自国の姿勢を世界に伝えるための新聞のスペースや放送の時間に気を配らなければならなくなった」。一九八七年一二月にインティファーダが勃発したとき、イスラエルはもはやすでに競争する能力もなく、パレスチナ寄りで反イスラエル的な感情がコントロールできないほどメディアからあふれだしたというわけである。

メディアの偏向をめぐるこうした暗い話には、いくつか現実のおそるべき事件も含まれていた。もっともひどい例のひとつはABC放送のビル・ブレークモア「お得意のテクニック」で、彼はいつも「古典的なイスラエルのシンボルを取りあげ、その伝統的な意味を歪曲したり、嘘の意味を視覚的に作りだしたりした」。たとえばこの悪狐はガザ回廊のイスラエルの居住者の生活状態と、この世界でも最も悲惨で抑圧された地区の住民の状況を比較して、「イスラエルの『土地収奪』が四十年前のアラブの村落の破壊とアラブ人民の故郷からの追放によってなりたっている」ことを明らかにしてみせた（虐殺は言うにおよばず）。「彼の意図がこうしたシンボルの集合的な意味であるイスラエル国家という存在を非合法化することにあったのかどうかが問われなくてはならない」。このようなジャーナリストの不正直さこそはイスラエル国家にたいするメディアの根深い憎悪の証拠であり、抑圧された犠牲者にメディアが長年同情してきたことの例証となる。

かくして我々はなぜメディアがアラファトやパレスチナ国家（イスラエルの代わりとなる「世俗的な民主主義国家」とは言わないまでも）にたいしてあれほどまでに熱意を表明してきたかがわかろうというものだ。メディアはイスラエルにおいて非ユダヤ人市民には基本的権利が認められていないことや占領地における人種差別ばかりに焦点を合わせ、パレスチナの正義を賛美しながらイスラエルのテロリズムを非難し、いまやブッシュとベーカーの「和平プロセス」がはじめからパレスチナ人の国家的権利を拒否し、その選ばれた代表がプロセスに参加することを阻んでいると言ってけなしてばかりいるのである。

このような救いのない状況にたいしてレダーマンはもう少し微妙なニュアンスを含んだ見方が必要だと主張する。イスラエルだって頼れるものがないわけではないからだ。「イスラエル側もパレスチナ側もワシントンにメディアへのアクセスやメディア監視グループにアクセスできる強い味方がいる」。それだけでなく「アメリカ合州国で流される毎晩のニュースを注意深く調べた研究によれば、報道に反セム主義や反シオニズムのあとが全般的にはっきりと示されているわけではないことがほぼ結論的に証明されている」。また「カメラクルーのなかには実際にヤラセを行なっている者もいる」というイスラエル側からの嫌疑も「証明されておらず」、「テレビ局の共謀とか陰謀の証拠もない」。なかにはピーター・ジェニングスのようにテレビ「メディアを個人の政治的道具とする」者や（親アラブ、反イスラエル）、ジョン・キフナーのようにただ「なにもわかっていない」者もいる（たとえばそれがベイタ村での殺害事件に関する真実暴露の原因となった)(4)。そしてジャーナリストのなかには、とくに「ニューヨーク・タイムズ」のトマス・フリードマンのようにまさに「洞察と分析とニュアンス」にあふれた報道のできる者だっているのである。

レダーマンの論述は職権の権威にみちたもので、このように取り上げられた証拠以外は無視するという姿勢に貫かれている。これは賢い戦略で、そうでもしなければ事実が語ってしまうものがどうしてもあるからだ。たとえばフリードマンについてだが、すでにこの本で見てきたように彼の業績にはまことに驚くべきものがある。

しかしときには一筋の光がもれでることもある。たとえばレダーマンによれば、インティファーダ以前にはジャーナリストたちは「占領地における迫害や暴力を告発するパレスチナの声を無視して、まともに取り上げてこなかった」。これはかならずしも正しくない。パレスチナ人にたいする暴力行為が極点に達した、たとえば一九八一年から八二年にかけては、メディアの注目もかなりあり、また他のときもたまにはメディアも注目することがあったからだ。事実を知るにはイスラエルの新聞や(レダーマンはイスラエルの新聞が米国のメディアよりイスラエル寄りでその「パートナー」に近いといっているが、それは正しくない)、人権レポート、それに人々の頭を汚染しないようにと注意深く遠ざけられている本や論説を見なくてはならない。レダーマンは右記のような自らの稀有なる洞察が自分の本のほかの部分とどう整合するのかを説明していない。

このゲームで重要なのは事実ではないのだ。むしろここでの目的は、男があなたのポケットに手を入れたところで捕まえられて「泥棒!泥棒!」と叫ぶのと同じ仕方で、証拠の重荷をずらすことにある。こうした行ないの本質を例証するのがレダーマンによる「和平プロセス」の話だ。一九七四年にレダーマンがエジプトでの見聞をつたえても「まったく相手にしてくれなかった」イスラエルの政治家たちが完全に認知していたのは、その三年前にサダトがイスラエルにたいして包括的な和平条約を提案していたという事実である（その条約案はパレスチナ人に何も与えていなかった）。この事実はレダーマンとその同僚たちには歴史の外の出来事であって、なぜならアメリカ合州国がイスラエルによるその拒絶を支援し、すでに述べたように（第一信）一九七六年一月の安保理決議に拒否権を発動していたからだ。おなじくここで抹殺されている歴史は、そののちパレスチナ人たちが相互承認にいたるような交渉をイスラエルと始めるべく働きかけていたにもかかわらず、それがアメリカとイスラエルの拒絶主義の壁に阻まれたおかげでメディアにもほとんど取り上げられなかったという事実である。ほかにも多くの例を挙げることができるが、そのいくつかはすでに論じたものだ。(5)

このようなメディアの規則にしたがってレダーマンは、アメリカ合州国が熱心に政治解決を求め、パレスチナ側が暴力に訴えつづけ、イスラエルが「和平のための土地」を唱導したという「歴史」を私たちに提示する。この句はレダーマンによれば、「イスラエルが占領地から撤退すること」と同義だが、しかし現実にこの言葉が明確に言及するのは、イスラエルが占領地域の資源と利用価値のある土地を占有するという労働党の拒絶主義的アロン・プランとその亜流のことにほかならない。レダーマンはＰＬＯが「拒絶主義的立場」をけっして崩さず、「妥協したりなんらかの政治的議題を提案することをいっさいせず」に、「中東での不変の価値」だけを重視して「すべての分配物をうばう」ことを主張し、地域の声をテロで封殺していると言う。事実はおなじくらい明確にこうした嫌疑をくつがえすのだが、それも適正なる忘却へと追いやられるのだ。

一九八一年から八二年のＰＬＯによるイスラエル爆撃は、ある意味で「イスラエルにたいする消耗戦争」だったが、それ以上に和平という「観念にたいする軍事行動」だったとされる。教化システムの要求にしたがえば、ＰＬＯが停戦協定を守っているのにそれを重爆撃でつねにやぶってきたのはイスラエルであるという事実はこのさい問題にならず、そのきわみがイスラエルによるレバノン侵略で、それによってＰＬＯの邪魔くさい和平追求のこころみが断ち切られたのだ。このことはイスラエルの主流メディアからも容易に知ることができるのだが、レダーマンの説明にひとつ長所があるとすれば、それがアメリカ合州国のメディア報道をかつても今も忠実に反映していることである。

レダーマンは私たちにメディアがインティファーダの真相を伝えていないと言う。たしかにパレスチナ人がイスラエル人に石を投げているのだが、それはイスラエル人がそこにいるからにすぎない。彼らは「権威の象徴」であって、パレスチナの民衆が投げる石の本当の標的はＰＬＯと伝統的社会なのだ。さらに言えば、ＰＬＯは暴力的に地域の組織や人々の自発的動きを抑圧し、その「古びて破綻した」拒絶主義でもって、インティファーダの「首を絞め」、その弔鐘をならした。パレスチナ人とＰＬＯ（それと伝統的権威一般）とのこの戦争こそが本当の話であり、それをメディアは気がついていないのだ、というわけである。

それなりの観察力のある人なら過去二十年にわたるイスラエルによる抑圧と「その不気味に着々と進行する併合」が「ついにインティファーダを発火させた」ものであることに同意するだろう（占領地の報道を長年してきたイスラエルのジャーナリスト、ダニー・ルビンシュタインの言葉(6)）。しかしこの場合、レダーマンの説明には一片の真実が埋めこまれていることは認めなくてはなるまい。インティファーダはたしかに社会革命であるが、それをイスラエルはパレスチナの世俗的ナショナリズムと穏健派を長年恐れてきたがゆえに暴力によって押しつぶしてきたのだ。このことは実際主流のメディアでは無視されてきたが、独立メディアや書籍では取り上げられてきた話で、そのことも言ってはならない事実のひとつとなっている。(7) PLOの指導層と地域住民の利害との対立ということでは、エジプト政府の和平への関心と同じくらいそれが「驚くべきこと」であるのは、パレスチナの村や町を訪れてみれば誰にでもわかることだ。自由に公然とPLOを非難する地域のリーダーたちが——どうやら彼らはあらゆる独立した声を封殺するPLOのテロには無頓着らしいのだが——よかれ悪しかれパレスチナ人の代表者はPLOしかいないと同時に語ってくるからだ。人民委員会や他の地域組織は現実にきわめて重要だが、その多くはPLOと共産党によって組織されており、イスラエルの抑圧の対象となっている。(8) この間ずっとPLOは「政治的対話」を呼びかけつづけているのだが、それをアメリカ合州国とイスラエルは拒絶しており、それゆえレダーマンとかフリードマンとかの耳には入らず、彼らも他の人に気づかせようとしないのである。

歴史を抹殺するには我々は真実という癌にたいして「考えうるかぎりのあらゆる武器を動員」しなくてはならないのだ。

この国を支配するメディアをふくむ知的文化がいったい何に奉仕しているのかをはっきりと例証するのが、「ニューヨーク・タイムズ」のコラムニストで元編集主幹のA・M・ローゼンタールのジャーナリストとしての業績にエルサレムの守護者賞が授与されたという事実であり、それが引き起こした反応である。もしかりにＰＬＯやイスラエル以外の国家がこうした賞を同じくらい著名で影響力のある人に授与したらどんな反応がおきるか問うてみてもいい。こうした例証の題材には事欠かない。たとえば「ニューヨーク・タイムズ」の主席外交問題特派員でレダーマンあこがれのトマス・フリードマンの次のような率直な言葉――「私にとってイスラエルはいにしえの炎のようなものだ……私たちはイスラエルに恋をしている、それ以外ではありえない」。あるいはまたイスラエルが占領地をレバノン南部のようにテロと圧政で支配すべきだという彼の主張でもいい。まあ「アフメドにバスの座席をひとつやれば、民族的権利や人権にたいする主張もおとなしくなるかもしれない」ぐらいの妥協はしてもいいらしいが。(9) あるいは新聞の編集者たちがいつも掲げる「この小さな国、人間の礼節のシンボル」への賛美をあげてもいい。この種のレトリックはスターリニズムの年代記ぐらいにしか見当たらないものだが。あるいは新聞に気軽に載る「パレスチナ人や……他の第三世界のクズども」への軽蔑（コラムニストのジョー・クラインの言葉）でもいいし、「生まれては血を流し自らの悲惨さをみせびらかす人たち」（パレスチナの状況をこのようにまことに優美に表現したご褒美にハーヴァードの教授になったルース・ワイス）といった文句でもいい。あるいはまともな新聞や雑誌なら恥辱でしかないはずのパレスチナ人（とアラブ人全般）にたいする人種差別的嘲りが、なんの批判も受けないことでもいい。(10) あるいはジャーナリストたちがきわめて意図的にワシントン近東政策研究所の「専門家たち」を登場させ、イスラエルのプロパガンダを「客観的報道」の衣を着せてごまかすことでもいい。しかしより問題なのは実際の行ないで、その例としてレダーマンのふるまいはきわめて示唆に富む。

レダーマンはメディアの一般理論なるものも提唱する。「自由な民主主義社会」は「公共の番犬として人々が広く議論する話題を情報の競争市場のなかで提供する」新聞に価値を認める。アメリカ合州国の人々は「メディアのデパート」で「自分の情報を買うことを選択している」ので、メディアはあらゆる話題をカバーする。その証拠としてレダーマンは湾岸戦争に関する議論を紹介する。そこでは「異議を申し立てる声」が自由に聞かれ、「国内の政策論議が十全に展開され」たので、「戦争を始めるという最終的な決断がくだされるまでに国内の政治的立場や論点がほぼ出つくすほど議論された」。「この慎重なメディアが主導するプロセスが戦争のねらいや目標にそってアメリカ国民の圧倒的多数を統合するのに重要な役割を果たしたのである」。市場の奇跡がこれほどまで見事に具現されたことがあろうか。

ここでも私たちは邪魔な事実にまどわされることのない自信にみちた宣言の効用を知る。アメリカ合州国が戦争を開始するまで数ヵ月間の基本的問いはあきらかに、国際法に則って平和的手段を追求するか、それとも暴力に訴えるかというものだった。しかし大統領が即座に外交的手段は除外すると宣言すると、「メディアが主導するプロセス」が一九九〇年八月から開けていた外交的選択肢を端的に封じこめてしまい、「侵略に報酬があってはならない」というわけで交渉を拒絶した大統領をメディアは後押し、もっとも重要な問いを議論させなかったのである。本の読める一〇代の少年少女が馬鹿にするような「高邁な大原則」なるものさえ持ち出され、畏怖と賛嘆をもって迎えられる有様。「アメリカ国民」はと言えば、約二対一でその「選択」は大統領が拒否した外交による手段（交渉によってイラクが撤退し、それに「ともなう義務を果たす」こと）だったので、メディアはそれを封殺して報道しなかったのだ。もしアメリカ国民の大半が選択した外交的解決がじつはイラクによって提案されたにもかかわらず米国大統領のにべもない拒絶にあったものであることを人々が知っていたなら、この比率はどうなったか、それは想像するしかないが、こうした基礎的事実は独立メディアやロングアイランドの「ニュースデイ」紙、あるいは他のメディアから漏れでたときに知ることのできたものだ。しかし公衆はほぼこうした不協和音を醸しだす事実や考えから隔てられていた。こうした現代史の抹殺に比較すれば、湾岸戦争中のメディア批判の主要な話題（ペンタゴンによる統制とか暴虐の捏造とか）などはほとんど取るに足らない。(11)

この例はレダーマン自身がメディアの民主的社会における自由市場理論を証明するために持ちだしたものであることを思い出そう。歴史は安らかに眠っていればよいのだ。

不一

ノーム

『LOOT』第三巻九号、一九九二年九月

20　おきまりの階級闘争

一九九三年一月一九日

『LOOT』御中

「最近、ハイチ政府はこれまでにないほど経済制裁にたいする攻撃の度を強めている」とパメラ・コンスタブルが新年早々のレポートで言っている。「先週、ハイチのバジン首相は十八人の人権監視団に首都の外に出ないようにと命じ」、「シャンデリアの照らすホールでハイチのエリートを集めて行なわれた新年の一般教書演説で、バジンは世界の『敵意』が外国の都合で解決を押しつけようとしていると激しく論難した。『これはハイチの危機なのだから、ハイチ国民が解決する』と彼は誓った」。軍をたばねるラウール・セドラス将軍もそれに同意して、「ハイチの問題はハイチ人が解決すべきで、『個人主義者や選挙偏重主義者』が主導する『海外からの政治的干渉』にまどわされてはならない」と言う。バジンはさらに一月一八日に予定されている国会選挙についても述べたが、この選挙は国際社会の反対にもかかわらず軍部の銃剣のもとで実施されようとしており、「ほとんどの政党がそれに強い反対を表明している(1)」。

バジンは一九九〇年一二月に行なわれたハイチ最初の自由選挙でアメリカ合州国が応援した候補者でいまだにお気に入りの人物である。彼が「ハイチ国民が解決する」というときのハイチ国民とは特定のハイチ人ということで、そこには彼に投票した一四パーセントの人々の何がしかが含まれるだろうが、貧しい教区の司祭にして活動家だった人物を選んだ六七パーセントの人間は含まれていない。彼は富も軍隊も外国の支援もなく期限ぎりぎりで選挙に参入、貧困層からの草の根運動の力だけで大統領になった。その名をジャン＝ベルトランド・アリスティド。

バジンの論難と「これまでにないほど経済制裁にたいする攻撃の度を強めている」その姿勢は、武器調査団の邪魔にはならなかったし、米軍戦闘機にたいする脅威というのも杞憂にすぎなかったようだ。むしろバジンが阻害しているのは進行中の国内弾圧の真相究明で、それが干渉されずに続行されるようにと図ることである。こうして首相が「攻撃」しても、アメリカから巡航ミサイルが飛んできたり首都のポルトー・プランスが爆撃されるわけでも、怒りにみちた非難がなされるわけでも、米州機構によって禁輸政策が実施されるわけでも、あるいはワシントンから電話の一本もあるわけではない。バジンのある側近によれば、米国政府からの電話一本で軍の将軍たちが矛を収めるには「まったくじゅうぶんだ」と「ニューヨーク・タイムズ」のハイチ特派員ハワード・フレンチが伝えている。フレンチは続けて、「ほぼすべての観察者たちが一致するところでは」テロリズムの支配を終わらせて選挙でえらばれた大統領を復権させるにはもうこれ以上ほとんど何もしなくていいだろう、と言うのである。

しかし電話がかかることはないだろう。「その政治スタイルがどうも間違いをおかしすぎていると外交官に言われるほど左翼寄りのナショナリストであるアリスティドにたいしてワシントン政府は困惑の度を深めており」、それがなんらかの実効性ある圧力の実施をおしとどめている、とフレンチは説明する。「軍の手は血にそまっているが、アメリカ合州国の外交官たちはその暴力がアリスティド神父への対抗勢力として必要であると考えており、アリスティドの階級闘争をめぐる言説が国内外での伝統的な権力中枢をおびやかし対立を増幅させていると見なしている(2)」。

かくして「対抗勢力」が全権を握り、そのあいだ「左翼寄りのナショナリスト」は海外亡命を余儀なくされている、「いずれ戻れる」ことを待ちながら。このアリスティドの「復帰」をビル・クリントンはバジンが軍の監視の下に主導した国会議員選挙当日に約束したが、その選挙は米州機構、国連、米国その他の反対を押しきって実施され、ハイチの人々の多くがボイコットしたのである(3)。そうこうするあいだハイチにおける「伝統的な権力中枢」と米国がおきまりの階級闘争をいつもどおりに続行し、邪魔されずに人々を搾取するために必要なテロの暴力を行使している。さらに「人道的介入」なる(きわめて恣意的に対象が選択される)方策に今さらのように熱狂する人たちも――歴史などほがらかに忘却し、こうした政策が政権の必要から生まれたものであるといった退屈な話題などまったく意に介さずに――そうした介入の可能性など「忘れてしまった」かのように、ふたこと、みこと殺し屋どもに厳しい忠告を与えることとさえしないのである。

アリスティドが大統領に就任したのは一九九一年二月、その年の九月三〇日に血にまみれた軍事クーデターによって権力の座を追われた。その間なにが起きたのかにはふたつの解釈があり、そのどちらも以前蔓延していた国家テロが激減し、「ボートで国外脱出する人々の波がほぼ消えた(4)」ということで同意しており、またテロも国外脱出の波も九月のクーデターとともに急激に復活したという点でも一致している。脱出する人々は「経済難民」であるという教義にしたがえば、この二つの現象の一致はまったくの偶然であるということになるわけだが。

さて第一の解釈はワシントンの北半球政治事象委員会のものだ。その報告によれば、「アリスティド政権下でハイチはその苦難に満ちた共和国の歴史のなかではじめて、これまで民主的な表現の自由と自己決定権を押しつぶしてきた専制と暴政から解放される瀬戸際まで来たように思われる」。アリスティドの勝利は「十年以上にわたる彼自身の市民運動と教育活動の成果であって」、地域の教会の運動家や小さな草の根コミュニティによって先導され、そうした民衆の組織が彼を権力へと押し上げたラヴァラス（「洪水」）運動の基礎を形づくったのである。これは「教科書どおりの参加型『ボトムアップ』による民主的な政治の発展だった」。その政府は「貧しい人々に力をつける」ことをめざし、「社会的経済的正義と民衆の政治への参加、そしてあらゆる政府活動の情報公開」へとむけた「人民中心の政治モデル」である。となれば、これはワシントンのアメリカ政府のお気に入りとはとても言えないだろう。アリスティドは国家予算の均衡をはかり、「肥大した官僚制を縮小すること」によって「おどろくべき成功」をおさめ、それがまたホワイトハウスの官僚たちに「きわめて居心地の悪い思いをさせた」のである。アリスティドは国際社会から五億ドル以上の財政支援をとりつけ、「ハイチがワシントン政府の財政的軌道からぬけだす」のではないかと予想され、「政治においても一定の主権が行使される」ようになったのである。(5)

もうひとつの解釈を提供するのは「ニューヨーク・タイムズ」のハイチ特派員だ。彼はアリスティドが「恐怖を助けとして」支配し、「裕福な理想主義者と亡命生活の長い左翼からなる主義者ばかりの骨格を欠いた運動であり、中国の文化大革命をモデルとするラヴァラスにひたすら」寄りかかっていると報告する。アリスティドの権力への飢えは「市民社会と齟齬をきたして」おり、さらに「ハイチの政治指導者や外交官たちによれば、自警行為のひろがりと大衆の貧しさを富裕層のせいにするアリスティド神父のますます厳格となる言明がクーデターを引き起こしたのだ」(6)。「一九九〇年一二月の選挙で六七パーセントの人々の票を集めて当選することを可能にした民衆の支援の多くをいまだに維持しているとはいえ、アリスティド神父が政権の座を追われたのは、政治活動に熱心な人々が彼の憲法へのとりくみに憂慮をいだいたことと、大統領自身が認可したと多くの人に信じられている階級問題に発する政治的暴力への恐れが強まったことを原因とする向きもある」(7)。

以上の「ニューヨーク・タイムズ」の記事はニュースであって論説ではないから、私たちはそれを客観的真実とうけとらねばならない。『ニューリパブリック』誌の編集者アンドリュー・サリヴァンが説明するように、アメリカのジャーナリズムは他の国における堕落したそれとは異なり、「自分の利益を犠牲にして客観的に公共の美徳を追求すること」だからだ(8)。証明終わり。

客観的真実を描くには洗練された語彙が必要である。たとえば「市民社会」。この概念はアリスティドを情熱と勇気をもって支え続けた人口の大多数を除外しており、「軍隊とこの国の少数の経済的エリート層」を含み、それがフレンチによれば「アリスティドの対立勢力」とされているのだ(9)。金ぴかのキャディラックに乗っているような人たちが「政治活動に熱心な人々」とか「ハイチの政治指導者たち」であって、草の根運動を組織する人々ではない。これらの政治指導者たちが「階級問題に発する政治的暴力」を嫌悪していることは彼らのこれまでの行ないによって十分に証明されており、それがクーデター後ふたたびそうした行動が蔓延しているのである。「大衆の貧しさを富裕層のせいにする厳格な言明」について言えば、これほどとんでもなく馬鹿げた考えはラヴァラスの金持ち紅衛兵の頭にしか思い浮かばないだろう。これが「ニューヨーク・タイムズ」の考える北半球政治事象委員会の言う「教科書どおりの参加型『ボトムアップ』による民主的な政治の発展」のモデルなのだ。

毛沢東主義者のテロリズムを夢見る亡命者による「市民社会」への攻撃と言われれば、私たちもなぜアメリカ合州国の政策がアリスティドの政権獲得以来これほどまでに変わったのかを理解できるだろう。かつて米国はハイチの国家テロを寛容な目で見ており、あまりに血が公然と流された場合を除いては満足して資金提供をしていたし、顧客政権のつねなる特徴とされる民主主義への前進がなされれば賞賛を惜しまなかったものだ。しかしアリスティドが選ばれると「初めて」ワシントンは「ハイチにおける人権と法の支配にふかい関心を示す」ようになった、とエミー・ヴィレンツは言う。以前テロが続いていたときには「国際的な人権活動家や民主的な観察者たちが国務省にハイチの民主的対抗勢力を応援することを考慮するよう嘆願していたが、アメリカ合州国はなんの方策もとろうとはせず、官僚と軍隊を強化するだけだった。それがアリスティドが大統領になって変わり、とつぜんアメリカ合州国は政府官僚の権限を制限しようとしたり、政府を合憲的に置きかえようとする人たちをどうやって助けるかを考え始めたのだ」。USAID（米国国際開発機関）による巨額の「民主主義振興プロジェクト」は、「アリスティド政権への反対勢力が促進されるようなハイチの政治活動層に資金を提供するために特別に設定」されたものである。(10)

軍隊がふたたびテロによる支配をおしつける一方で、セドラス将軍はアリスティドを拷問と殺人と「テロによる支配」で統治していたと非難する。彼は米州機構の交渉役をつとめる人たちにアリスティドの犯罪を列記した「分厚い閉じられた書類」を提供した。ある軍事高官はアリスティドが民主主義を軽蔑していたと非難、その証拠として彼が「憲法によればハイチの大統領は名目上の地位にすぎないことをけっして理解しようとしなかった」ことをあげる。「本当の」「実効力のある指揮官」は「軍隊の指揮官にして長なのだ」というのだ。(11)

国務省はアリスティド政権下の「人権侵害の疑いのある事件が列記された分厚いノートブックを回覧した」と伝えられているとヴィレンツは書いているが、たぶん彼はセドラスの書類のことを言っているのだろう。これは「デュヴァリエとか軍関係者のような以前の支配者のもとではアメリカがやらなかったことで」、こうした人々の支配への援助は「人権状況が改善したという根拠のない報告」によって正当化されていた。ハイチのジャーナリストたちによれば、アメリカ大使が「ニューヨーク・タイムズ」と「ワシントン・ポスト」の記者たちを呼んでこの軍隊長がご友人たちの助けを得てまとめた「書類」についての説明を行なったという。

アリスティド政権下では難民の流出が激減すると、ワシントンの政権は耐えがたい状況から逃げ出そうとする人たちにたいする同情をとつぜん発揮しだした。カーター時代にはハイチのテロと弾圧から逃亡してきたボートピープルが「過酷で差別的な待遇」をされたと人権活動家たちは言っており、その状況はレーガン時代にはるかに悪化した。しかしはじめての自由な民主的選挙が実施され、人権状況が劇的に改善されたそのあとで、亡命を許可される難民の比率が急激に増加したのだ。クーデター後、難民が押しよせたが、彼ら彼女らはキューバのグアンタナモの米軍基地に収容されるか残酷に追い返され、亡命受けいれもほぼ消滅。クリントンが最初に行なったのは、「一時的に」その熱烈な選挙公約から退却して、ますます過酷な扱いを課すことだった。

ハイチにおける人権状況も同様の奇妙な扱いを受けることになる。アリスティドの政権獲得以降、政治的理由による殺害は急激に減ったが、それでも起きた殺害事件のうち三分の二が強硬な反アリスティド派の軍隊によるものとされている。クーデター後、テロは急速にデュヴァリエ政権のときのレベルにまで上昇したが、新聞の報道もなじみの仕方でこうした変化を反映する。ボストン・メディア・アクションによる新聞報道の調査によれば、人権侵害のレポートが（実際の件数との比率において）アリスティド選出後急激に増加、アリスティドの支持者による暴力に焦点が合わされていたが、クーデター後は急速に減少した。「アリスティドの支持者たちが起こしたかもしれない殺害事件は十二件に満たないが、それがクーデターやその後すぐに殺された千五百人以上の殺害とほとんど同じ扱いを受けたのである」。クーデター後もアリスティドによる人権侵害とされるものに焦点を合わせた報道は続けられ、彼の民主的指導者としての失敗にも醒めた論調の記事がおおく掲載されたため、私たちは——自らの洗練された価値観に照らして——彼を支持することが困難となる。ここに新規なものは何もなく、こうした報道のパターンは何度も詳細に調査・記録されている。だがこの国の知的文化はそのことの重大さに当然ながら悩まされることはない[12]。

米州機構は通商停止政策を実施しアメリカ合州国もそれに加わった。米国は禁輸政策に関しては経験もあり、じじつ断トツの世界チャンピオンで、不法な経済戦争の咎で国際司法裁判所に非難されるという名誉を獲得したこともある。ワシントンの政権はまた自らのルールを守らせるために他国に圧力をかけることでも経験豊富と信じられている。だが今回のケースはやや異なる。ハイチの「市民社会」が通商停止に反対した一方で、人口の大半を占める貧困層が断固たる実施を嘆願したのだ。したがって米国も「市民社会」の資産を凍結するような方策はいっさい講ぜず、ヴィザの発給を停止して彼らがマイアミやニューヨークに買い物旅行に来るのを邪魔することもなかった。「覚せい剤の輸送中継地としてこの国が使われそこから莫大な利益を得ており」、それを「石油や他の必要資源輸入のために軍部が資金源として」(カヌーテ・ジェームズ)、テロや暴力行使をまかなっているのだ。また「市民社会」の必要を満たす商品の流入を止めるようアメリカ政府がドミニカ軍に国境警視を頼むこともされなかった。そして外国にいる友人や使用人に通商停止措置のことを伝えるべきときが来ると、またもや電話が通じなくなり、けっきょく通商停止も「せいぜいザルのような」効果しか生まなかったのだ、とジェームズはつけ加えている[13]。

かりにこのような米国らしくない無能がわが国の人権や民主主義にたいする情熱についてこの国のメディアになんらかの思考を促したとしても、それが表に出てくることはまずない。

数週間で通商停止も机上のものとなる。一九九二年二月四日アメリカ合州国は「ハイチにおける米国ビジネスの利害を重視する大きな圧力があって」組立工場への禁輸措置を解除した、と「ワシントン・ポスト」のリー・ホックシュテーダーが伝えた。この新聞の編集者たちによればこれは賢明な判断で、通商停止は「根本的な政治上の誤算」であり、「大きな苦しみをもたらしたが、銃を持った男たちには痛くもかゆくもなかった。その目的を達しなかったのであるから、緩められるのはいいことだ」。つまり、「大きな苦しみ」をたえている人々が嘆願しているように、その当初の目的を達成するよう強化されるのではなく、というわけである。数ヵ月後小さな活字でワシントン政府が「アメリカ合州国からポルトー・プランスへの物資の流入制限を緩和しつづけており」、種子や肥料、殺虫剤などの輸出が許可されたことが報道された。アメリカ商務省によれば一九九二年の一月から一〇月までのアメリカ合州国とハイチとの通商額は二億六千五百万ドルにのぼるという。[14]

「ニューヨーク・タイムズ」は例によってこの二月四日の政府決定に適正な解釈を施そうと懸命だ。「合州国、ハイチ経済制裁の焦点を先鋭化」という見出しでバーバラ・クロセットがこう報じている。「ブッシュ政権はハイチの軍事政権にたいする反民主主義勢力を罰するための禁輸措置を緩和し、通商禁止によって仕事を失った労働者の苦しみを軽減することを今日発表した」。国務省は経済制裁を「微調整」することで、「ハイチの非合法政権の崩壊を早めるためにより効果的な方法」を見つける「最新の努力」にいそしもうとしている。[15]早く言えば、この「微調整」はそれを称賛する反民主主義勢力を罰することになり、禁輸措置緩和に必死に反対していた労働者の利益にもなるというわけだ。わけがわからないって？　適正なる教育を受けていればそんなことはないはずである。

次のステップは誤りを犯した過激派を特定の人物に還元してしまう一方で、合州国お気に入り、つまり「穏健派」のマルク・バジンの手に権力を集めてしまうことだ。「穏健派」というのは便利な用語で、今日ではムッソリーニからヒトラー、スハルトからグアテマラの虐殺将軍たちまでをふくむ楽しい一団だ。その結果が一九九二年六月のバジンの首相就任で、どうやらワシントンから電話がかかってくることもなかったらしい。

昨年末「ワシントン・ポスト」のラリー・ウェイマウスが次の米国大統領に教えをたれて言うには、「ハイチの人々の生活を改善する意志がほんとうにあるのなら」、選挙で選ばれたハイチ大統領を復権するという「疑わしい目的」を持つ通商停止を終わらせ、「政治的解決」をはかるべきである。このような解決は「階級闘争を激化させた」「きわめて過激な反アメリカ主義の司祭」とはあきらかになじまない。彼は「露骨に不寛容をつらぬき」、「暴力や暴徒のテロを容認したので」、その激しさのあまり「反対派指導者が命の危険を感じて、ハイチ軍がクーデターを起こしたのだ」。この政治的解決は選挙で惨敗した合州国好みの候補者に任せられるべきで――驚いてはいけない！――彼は「選挙で選ばれた議会が」クーデター後選出した首相である。「いまやバジンの責務は政治的解決」と実効性のある政策を見つけだすことにあり、わが国がすべきなのは彼を助けること、そして新聞の勤めはなぜこれが公正で義にかなったことなのかを説明することである。

幸いなことにこの仕事はむずかしくない。「バジンは穏健な感性を持った印象深い男」なので、我々としてはアリスティドの帰国を「遅らせる」べきだ。ハイチの人々はその愚かさゆえにアリスティドを熱烈に支持し彼の復帰を訴えつづけているが、人々が苦しんでいるあいだワシントンで「豪華な」暮らしをしている「アリスティドを助けるよりはハイチ民衆の利益を促進するような政策」をわが国は追求すべきである――アリスティドを帰国させればアリスティドの豪奢な生活を途中でたちきってしまうことになってしまう恐れがある、というわけだ。もし「バジンの寛容をもってしてもうまくいかないようなら」、いまの「寛容な」政府より「ずっと残酷なハイチの伝統的軍事独裁」が復活することになり、それを無知なハイチ人はデュヴァリエ時代を思い出させるなどと言っている。ウェイマウスはつづけて、もし我々がバジンを支持するなら難民問題もなくなるだろう、なぜなら「リベラル派が信じている」のとは異なりその九九パーセントは「経済難民」であると、この「寛容な感性を持った男」が推定しているからである。[16]

ちなみに「ワシントン・ポスト」がくりかえし使う用語はもうお馴染みだろう。ヒットラーの時代から「穏健派」を支持する議論はいつも同じだ。さらに進んでなにが正しい解決なのかを提示するのは「ワシントン・ポスト」の記者ジョン・ゴシコだ。[17]「反アメリカ的傾向のある過激派司祭」をハイチに召還するのは「無限に遅らせる」べきで、この男の「過激なポピュリズムがハイチ軍による権力奪取をまねいた」のであって、「バジンとかだれか他の首相がその代わりに支配することになった」のである。しかしバジンにも問題がある。彼は「アメリカ合州国ではよく知られ評判も良い」が、残念なことに「ハイチの大衆は彼を軍部と大企業の利益の代弁者と見なしている」。よって「市民社会」の利益を代表する他のだれかが選出される必要があるだろう。

どれくらい遅れるかを示唆するのがハワード・フレンチで、彼は「外交官たち」をソースにしながら——いつもどおりアメリカの役人をさす婉曲な言い方だが——次のように言う。「以前外交官たちはそれなりの間をおいてこの国の経済が再興され、軍隊から司法、医療から教育にいたる社会機構が安定してはじめて、ハイチの大統領は戻ってこれると言っていた」。つまりそれが意味するのは、名高い「トリクルダウン」効果［訳注：政府資金を大企業に流入させて中小企業と消費者を活性化し景気回復効果があるとする理論］が下から上への動きを反転させて下に景気回復の効果が及ぶようになれば、この選挙で選ばれた大統領も戻ってこれるかもしれないということだ。そうなれば少なくとも数世紀は「個人主義者や選挙偏重主義者」が政権を取るような危険を避けることができるだろう。しかし残念なことに、とフレンチはつけ加える、「アリスティド神父と彼の支持者の多くは迅速な帰還を主張しつづけて」おり、いまだに無責任な撹乱をやめていないのである(18)。

かくして正しい選択が一九九二年二月に提案されたが、失敗に終わった。いまやそれを是認する声と自己賛美のなかで実行に移すかどうかはクリントン政権しだいだ。基本的発想は新聞の第一面に出たクリントンが選挙中の公約を反故にして「アメリカ合州国に移民しようとするハイチ人を強制的に送還する」ことの続行を伝えた記事の一七段落に出てくる。「国務省長官への就任会見」でウォレン・クリストファーは「アリスティド神父への支持を表明したが、彼の大統領職復帰を要求することはしなかった。『選挙結果から見れば彼の存在が解決策のなかにふくまれなくてはならないことは私にとって明白だ』とクリストファー氏は言う。『彼をどうすればその解決のなかに含められるかはまだ自分の頭のなかで正確な仕組みはできていないけれども、彼を無視することはできないだろう(19)』」。

我らが名高き「民主主義への渇望」がふたたび高らかに掲げられるというわけだ。

正直なコメンテーターならこうしたすべてを二百年以上にわたるわが国のハイチの自由と人権にたいする抑圧の歴史にてらして考えることだろう。そこにはウィルソン政権が海兵隊の銃剣によって押しつけたハイチ憲法が当然含まれており、そのおかげでアメリカの企業は国を買収することができ、その後に続くハイチ国民の苦難の要因となったのだ。いつもながら、こうしたことが誰の目にも明らかになるには長い月日を待たなくてはならないのだろうけれども(20)。

不一
ノーム

『ＬＯＯＴ』第四巻三号、一九九三年三月

訳者あとがき

本書はNoam Chomsky, *Letters from Lexington: Reflections on Propaganda*, New Updated Edition (Boulder and London: Paradigm Publishers, 2004)の全訳である。チョムスキー自身の序文にあるとおり、『LOOT』誌のために彼がマサチューセッツ州のレキシントンから寄稿した「手紙」を集めた本なので「レキシントンからの手紙」という題名も味わいがあるが、この地名になじみのない日本語読者も多いと考えられたため、原著のサブタイトルのほうを生かして『メディアとプロパガンダ』をメインタイトルとさせていただいた。

チョムスキーが一九八九年末から一九九三年初頭までのアメリカ合州国政府の外交を報道した記事を分析・批判した数頁のエッセイが十九編、それに冒頭にはアメリカ合州国の主流メディア一般のあり方を考察した一九九七年の講演が収められている。こうした形式からも明らかなように、これはその時々の合州国政権の外交政策および「ニューヨーク・タイムズ」や「ワシントン・ポスト」といった主要新聞によるその報道にたいする時事的批評であると同時に、そのような政策や報道の基盤をなす権力的背景の歴史的検証でもある。よってこれを通読することで見えてくるのは、現在から十数年過去にさかのぼるアメリカ合州国と世界の状況の時事的特殊性であると同時に、メディアを中核的な「教育機関」とする米国の権力体制の半永久的な性格だ。この本があつかっている時代の特異性から、チョムスキーが取り上げる話題も米ソ冷戦体制の終焉、ニカラグアのサンディニスタ政権誕生、パレスチナ情勢、第一次湾岸戦争といった事象をめぐるものが多くなることは当然だが、それらのどの事例においても、アメリカ合州国政権の外交政策の二重基準とそれを報道する合州国の主要メディアの権力追従振りは、時代的特殊性を超えて過去と現在を貫いているものであることが明らかにされている。その意味でもドナルド・マセドによって付された新版への序文が強調するように、この本は十数年を経ていまだにどころか、二〇〇一年九月一一日の事件以降、その後の米軍およびその「同盟軍」によるアフガニスタンとイラク侵略以降、あるいは世界各国における「テロとの戦争」に名をかりた人権抑圧状況に照らして、アメリカ合州国と私たち自身の世界のありようを考えるために、より一層おおきな示唆を与えてくれるものとなっている。

そのような反復される権力とメディアによる支配と抑圧と隠蔽の根幹にあるとチョムスキーが指摘するのが、大新聞が支える、彼の言葉を使えば「教化システム」である。新聞という本来、正確な情報に基づいて事実を読者に伝えるべきメディアが、その新聞経営の経済的根源である大企業や軍産政府複合体の利害関係によって完全に支配されている。このことによって新聞やテレビはいまや新聞や番組自体を売るのではなく、それらが提供する偏った情報によって利益を得る特権層を「製品」とし、広告主である企業を「市場」とする「大企業が読者を他の大企業に売る」システムを形成しているのである。チョムスキーによれば、メディアがこうしたシステムの内部にあるかぎり、それが伝える報道や論説は、ちょうどアメリカ合州国の二大政党が政党名を異にしながら実は同じ利害関係に基づく二派にすぎないように、ある一定のイデオロギー的振幅――それを定めているのが、「自由」とか「民主主義」といった「永遠に崇高な価値観」なのだが――のなかで揺れ動いているにすぎず、その外にはみ出すものは慎重かつ冷酷に排除される。だからたとえば現在の私たちの世界情勢にそくして言えば、イラクや中東にたいするアメリカ合州国の政策は政権が共和党から民主党に変わっても根本的な変更はありえないように、「ニューヨーク・タイムズ」が第二次イラク侵略開始について合州国政権の対応を批判し得なかった自身の報道姿勢を「反省」したといっても、それもブッシュ政権への風当たりが強くなる風潮のなかで「許容される一定の幅」の内部で揺り戻しが起こったにすぎないのだ。

歴代の合州国政権やその「顧客」政府の二枚舌や虚偽をあばきだし、それを唯々諾々と支持しつづける主要新聞の論説者たちの実名をあげたチョムスキーの批判の舌鋒は苦い皮肉とユーモアとするどい諧謔に満ちている。たしかにこの本を読む私たちは、合州国政権とメディアの現状に唖然とするばかりの怒りと絶望感にかられ、もしかしたらそれを容赦なく批評するチョムスキーの姿勢に快哉さえ叫びたくなるかもしれない。しかしここで当然ひるがえって考えるべきは、私たちが生活する国である日本のメディア状況である。ワイドショーで「過激な発言」をしただけで知事に当選することさえできるような恐るべき末期症状を呈したテレビの「政治的現状」は置いておくとしても、たとえば「ニューヨーク・タイムズ」程度の「反省」さえ出来たことも、しようとしたこともない日本の主要新聞の水準をどう考えるか？　あるいは「公称三千万部」という途方もない数を豪語する新聞の購読者数――それが本当ならば日本語で新聞を読む者のおよそ三人にひとりが同じ新聞を読んでいることになる！――のうち、実はそのような「発行部数」のうち二割にのぼる約一千万部が読者のはじめからいない、いわゆる「押し紙」として、新聞販売店に押しつけられている歪んだ販売店制度の問題がどれだけ私たちの一般常識となっているか？　全国津々浦々にあるそうした販売店が過酷な労働によって支えている宅配制度によって、毎朝、毎夕郵便受けに入れられる（ときには一万円もの商品券つきで購買を勧誘される……）分厚い新聞の半分近くが企業の広告であり、挟みこまれるチラシ広告の数が半端ではないことから、この国のメディアを中核とする「教化システム」の本質をどのように分析するか？　私たち自身のメディア体制批評の課題もつきないはずであり、チョムスキーのこの本を読んで、いつもながらの自国の権力体制にたいする彼の歯に衣を着せぬ批判に溜飲を下げているだけでは不十分であることは言を俟たないだろう。

私たちが事実を知ることができるのは、メディアを通してでしかない。メディアという媒体そのもののテクノロジーは急速に進歩しているけれども、それに見合うだけの私たち自身のメディア・リテラシー、メディアを読み解き、領有し、創造する力の必要性はいまだに、冷静な判断力と正確な歴史認識、そして他者の感性と身体へとひらかれた想像力に裏打ちされなければならないこと、そのことだけは本書を読んでいただける皆さんと共有できるものと思う。

＊

この本の日本語版を編集してくださったのは、青土社の水木康文さんであり、さまざまに煩瑣な作業を迅速に進めてくださったことに心より感謝申し上げます。本書はチョムスキーの著作としても小ぶりのもので、そこで取り上げられている歴史的事実自体にはそれほど目新しいものはないかもしれません。それでも、私たちが日夜「事実」を知るために付き合わざるをえないメディアの本質にせまるために、格好の練習問題を提供してくれる本ではないかと思います。チョムスキー自身も望んでいるように、この訳本が私たち自身のメディア批評の成果を生む一つの契機となれば、訳者としてそれ以上の幸せはありません。

二〇〇八年二月八日（二年前のこの日、「北海道新聞」の往住《とこすみ》記者が「沖縄密約」を認める元外務省高官証言をスクープした）

本橋哲也

新装版訳者あとがき

私たちにとって、「歴史」という言説の効用は、過去の出来事を省察することによって、いま現在の私たちのありさまをできるだけ正確に見定め、より良い未来への展望を拓くことにある。ノーム・チョムスキーが一九八〇年代の末から九〇年代の初頭までのアメリカ合州国政府の外交に関する主流メディアの動向を、ときに辛辣なユーモアとともに批判した本書が、いまだに輝きを失っていないのは、他でもない、そのような歴史の役割がチョムスキーの筆致から明らかに立ち上がってくるからだ。

ここには権力機構の一翼をなすメディアがプロパガンダを通して支配政権を強化するメカニズムが、平易に、しかしこの上ない説得力を持って分析されている。たとえば次のような一節が、プロパガンダを生産するドグマの本質を抉り出す――

プロパガンダを行う者にとって常識である原則のひとつとして、標的とされる視聴者にすりこむ独断的意見をけっして説明してはならない、ということがある。明らかな形で表出してしまうと、それは省察や検証の対象となり嘲りにさえさらされてしまうだろうからだ。ふさわしいのはやむことなく偏見を徹底的に反復することで、それを言説の条件そのものとしてしまうことだ。（七三

頁)

私たちの身の回りの現在の政治状況にも、この原則が当てはまる事態を日常的に見つけることが出来る。無かったことを在ったことに、在ったことを無かったことに、クレタ島人のパラドックスも顔負けの不条理な状況が、メディアが追求することもなく(もちろんごく少数の例外はあるが)繰り返されているのだから。

チョムスキーは、メディアがなにゆえに実際の歴史を無視してしまうのかについても、次のように指摘する――

アメリカ合州国の権力によって提出されるがゆえに結論的に議論の余地のない真実となってしまうものがある。もし国連につどう国々がこのことを理解しそこねているとすれば、それがどのような文化的・精神的病に冒されているかを私たちは問うべきだろう。つまりメディアが実際の歴史を無視して自らに都合のよいおとぎ話をしているとき、メディアは私たちの態度に反応して行動しているに過ぎないのである。(一〇九頁)

メディアとは現実の出来事と言説による表象とのあいだを不均衡かつ不正確に媒介するものだから、透明で完璧で嘘をつかないメディアなどというものは定義上ありえない。メディアは私たち自身が受け取るだけでなく、作り出しているものであり、そこにこそチョムスキーが実践しているようなメディア批評の意義がある。たしかにアメリカ合州国の全般的権力は一九九〇年代初頭当時よりも衰えているとはいえ、思いつきで「商売策《ディール》」をツイッターで連発する大統領に反応するメディアと私たちが、インターネットによって醸成される権力に影響される度合いは格段に倍加している。まずは私たち自身の身体と頭脳と言葉を取り戻さなくてはならない。

さらに本書はアメリカ合州国のメディアに対する批判なのだから、確かに好奇心は満足させてくれても私たち日本の状況にはあまり関係がない、と安心させてくれるかというと、どうもそう都合良くは済まないようだ。たとえば、以下の一節——


選挙を女王のまがい物選びにまでおとしめてしまうこと、これが大衆を周縁化するための大きな一歩となる。もっとも進化した資本主義的民主主義国家としてのアメリカ合州国は、国内の敵をコントロールする手段をあみだしてきたが、こうした最新の方策は適当な時期が来ればまた使われるだろうし、他の国でも時間は多少遅れても真似されていくことだろう。(一三八頁)

ためしに、この一節の「女王」を「天皇」に、「アメリカ合州国」を「日本」に置き換えてみると、つい先日、「元号」騒ぎに明け暮れたメディアとそれに踊らされた私たち自身の惨状を省みるきっかけとはならないだろうか?　アメリカ合州国の現大統領と違って、日本の現首相にはSNSを駆使する能力はなさそうだが、そのかわりに原発からオリンピックまで、政権に不都合なあらゆる状況を「アンダー・コントロール」にしてくれる電通のような強い味方がいてくれるわけだから。この国では、選挙の投票率が五十パーセントを割る状況での小選挙区制度では、全有権者の五分の一の支持で八割の議席が確保できるという奇怪な現実が繰り返されている。しかし「大衆」が「周縁化」を拒否して、選挙民主主義から離脱して日常的に政治の主人公となるとき、天皇制の呪縛からも私たちは解放されるのである。

一九八九年の世界は冷戦の終了とともに大きな転換期にあったと言えるだろうが、その後の世界の政治状況は「歴史の終わり」といった一時のユーフォリアから、混迷と戦乱と貧困と環境破壊と民主主義の危機を深めているように思われる。翻って私たち自身が生きている二〇一九年の政治状況は、二〇世紀末とは様変わりして、たとえば北側の過剰開発国の政治指導者の顔ぶれを見るだけでも、トランプ、アベ、モディ、ネテニヤフ、ジョンソンと、「ポスト・トゥルース」などと言えば聞こえはいいが、現実はほとんど児戯にも劣る行動と言説の持ち主に席巻され、新自由主義と民族的排外主義と軍事主義の巷と化してしまっている。そのような状況で、果たしてメディアはどんな役割を果たしているだろうか？ 日本語圏でもテレビ、新聞、インターネットにおける報道メディアの劣化状況は著しく、たとえば月刊誌『世界』に連載されている神保太郎氏の「メディア批評」が稀有な例外であるように、まともな自己反省や検証がなされているとはとうてい言いがたい状況だ。そのような現況においてこそ、時代や状況は異なれど、チョムスキーの至極真っ当なメディア批評が私たちに教えと勇気をもたらしてくれるものであり続けるのではないだろうか。

過去を変えることはできない、しかし過去を顧みることによって、現在から未来へといたる道筋を作りなおすことはできるはずである。

＊

チョムスキーの連載終了から二十六年、原著の出版から十五年、日本語版の出版から十一年がたった現在でも、本書にこのような価値を認めて新装版の刊行をご提言いただいたのは、青土社編集部の菱沼達也さんです。末筆ながら感謝を記させていただくとともに、この機会に新たな読者を得ることができましたら、訳者としてこの上なく大きな喜びです。

二〇一九年七月

本橋哲也

索引

ア行

カ行

サ行

タ行

ナ行

ハ行

マ行

ヤ行

ラ行

ワ行

原注

略号表
BG=Boston Globe
CAR=Central America Report
NI=Necessary Illusion
NYT=New York Times
WP=Washington Post
WST=Wall Street Journal

新版への序文

(1) Joan Vennochi, *Boston Globe*, June 17, 2003, p. A17.
(2) James Carrol, "Millennial War," *Boston Globe*, June 17, 2003, p. A17.
(3) "Private Study Estimates Iraq War Dead at 13,000," AFP, Oct. 28, 2003, p. 1.
(4) *These Times,* Dec. 8, 2003, p. 6 に引用。
(5) Paulo Freire, *The Politics of Education* (South Hadley, MA: Bergin & Garvey Publishers, 1985), p. 118.
(6) *Time Magazine*, Feb. 10, 2003, p. 21 に引用。
(7) Donaldo Macedo, *Literacies of Power: What Americans Are Not Allowed to Know* (Boulder, CO: Westview Press, 1994), p. 36 に引用。
(8) ティム・アダムズによるノーム・チョムスキーのインタヴュー, *Guardian*, Nov. 27, 2003.

2 「中東は嘘をつく」

(1) *New York Times*, March 21, 1989.
(2) *Mehiro shel Thud* (Revivim, 1985).
(3) Yaniv, *Dilemmas of Security* (Oxford, 1987), 70.
(4) 拙著 *Necessary Illusions* (South End, 1989), とくに pp. 290-95 を見よ。より

詳しい背景とこのプロセスの発展の記録については、拙著 *Peace in the Middle East?* (Pantheon, 1974); *Towards a New Cold War* (Pantheon, 1982); *Fateful Triangle* (South End, 1983); *Pirates & Emperors* (Claremont, 1986; Amana, 1988；邦訳『テロの帝国アメリカ：海賊と帝王』海輪由香子他訳、明石書店、2003); *Deterring Democracy*, "Afterword" (Hill & Wang, 1992, extended edition) を見よ。

(5) Avi Shlaim, *Collusion Across the Jordan* (Columbia, 1988), 428; Tom Segev, 1949: *the First Israelis* (Free Press, 1986), 16. Itamar Rabinovich, *The Road not Taken* (Oxford, 1991) も見よ。

3　防御的攻撃

(1) Paul Blustein and Steven Mufson, *Washington Post Weekly*, Dec. 25, 1989. さらなる詳細については *Deterring Democracy,* chaps. 4 (on the "drug war") and 5 (on Panama) を見よ。

(2) *Economist,* Dec. 23; Martha Hamilton, *WP Weekly*, Dec. 25, 1989.

(3) Andrew Rosenthal, *NYT*, Dec. 20; Maureen Dowd, *NYT*, Dec. 19; Anthony Flint, Boston Globe, Dec. 21; AP, Dec. 20, Dec. 22, 1989.

(4) *NYT*, Dec. 22, 1989.

(5) Julia Preston, *WP weekly*, Dec. 25, 1989. AP, Dec. 20; BG, Dec. 21, 1989. 一九八四年の選挙については、Seymour Hersh, *NYT*, June 22,1986; John Weeks, "Panama: The roots of current political instability," *Third World Quarterly*, July 1987; Alfonso Chardy, *Miami Herald*, March 3,1988; Ken Silverstein, *Columbia Journalism Review*, May/June 1988 を見よ。 わが国の「民主主義への渇望」については第６信を見よ。

(6) INFORPRESS (*Central America Report*, Guatemala City), vol. XI, no. 31, 1984, citing Miami Herald. Staff Study, "Crime and Secrecy: The Use of Offshore Banks and Companies," Permanent Subcommittee on Investigations of the Committee on Governmental Affairs, U.S. Senate, 1983. 麻薬一味が権力に復帰して予想通りの結末となっていることについては、拙著 *Year 501* (South End, 1993), chap. 3.4 を見よ。

(7) *BG*, Dec. 20; Andrew Rosenthal, *NYT*, Dec. 22, 1989.

(8) AP, Nov. 6, 29, 1989.

(9) *NYT*, Dec. 21, 22, 1989.

⑽ *Wall Street Journal*, Dec. 26.
⑾ *Ha'aretz*, Dec. 21, 1989.
⑿ *Foreign Policy*, Winter 1989/90.

4 日曜版――休ませてくれない一日

(1) 他にも多いがたとえば Alfred McCoy, et al., *The Politics of Heroin in Southeast Asia* (Harper & Row, 1972); Henrik Kruger, *The Great Heroin Coup* (South End, 1980) を見よ。

5 民主主義という文化について

(1) *NYT*, Feb. 27,1990.
(2) *NYT*, Nov. 10, 1985. 人類に数えられるための条件として他の例は、第13信を見よ。
(3) *BG*, Eeb. 22,1990.
(4) ABC TV news, Feb. 20, 1990, 7 PM.
(5) アメリカ合州国の「自由な新聞」以外にニカラグアにおける一九八四年の選挙報道をあつかし、さらに同時期の隣接した米国のテロの影響下にあった国々の選挙と比較した考察としては、Edward S. Herman and N. Chomsky, *Manufacturing Consent* (Pantheon, 1988：邦訳『マニュファクチャリング・コンセント：マスメディアの政治経済学』１・２、中野真紀子訳、トランスビュー、2007), chap. 3 を見よ。
(6) *Central America Report* (Guatemala City), March 2, 1990 を見よ。
(7) 他の多くの例、さらにラテン・アメリカや他の国々における報道との比較については、*Deterring Democracy*, chap. 10 を見よ。第17信も参照。
(8) *NR*, March 19; *Washington Post*, March 1, 1990.
(9) *NYT*, March 2, 1990. ハヴェルの興味深い行ないとそれに対する熱狂的な反応については、*Deterring Democracy*, 319-20 を見よ。
⑽ *NYT* Op-Ed, March 17, 1990.
⑾ *BG*, Feb. 27, 1990.
⑿ Maynes, *Foreign Policy*, Spring 1990.

6　第三世界、第一の脅威

(1) Gordon, *NYT*, April 8. このニュース・資料と一般的背景については、第1信の注4を見よ。 Stephen Green, *Taking Sides* (Morrow, 1984). Mark Gaffney, *Dimona: the Third Temple?* (Amana, 1989). Gary Milhollin, "Heavy Water Cheaters," *Foreign Policy*, Winter 1988-9; *Washington Post Weekly*, April 9-15, 1990. Now also Andrew and Leslie Cockburn, Dangerous Liaison (HarperCollins, 1991); Seymour Hersh, *The Samson Option* (Random House, 1991).

(2) Chace, "How 'Moral' Can We Get?," *NYT magazine*, May 22, 1977.

(3) *London Sunday Times*. Oct. 12, 1986. 1950年代からのイスラエルの「サムソン・コンプレックス」については、*Fateful Triangle, chap.* 7, 4.2.2を見よ。

(4) *LAT-BG, NYT*, Oct. 31, 1984. *BG, NYT*, Feb. 25, 1987.

(5) Spector, *NYT*, March 17, 1988.

(6) AP, March 21, 1990. さらなる詳細は、拙著 *Deterring Democracy*, 29f を見よ。

7　「民主主義への渇望」

(1) Lewis, *NYT*, Dec. 6, 1987.

(2) James LeMoyne, *NYT Magazine*, Jan. 10, 1988.

(3) Pace, *NYT*, June 9; editorial, *NYT*, June 17, 1990. ニュース・資料と、フィゲレスとアメリカ合州国とコスタリカとの関係一般については、*Necessary Illusions*, 111f. and App. V.1 を　見　よ。Anthony Winson, *Coffee & Modern Costa Rican Democracy* (St. Martin's Press, 1989) も参照。

(4) *Necessary Illusions*, App. V.6-7 に述べてあるとおり、「ラ・プレンサ」の新聞の真の自由を求める活動は米国のメディアと「知識人の共同体」全体によって冷笑とあざけりをもって利用され、それがあまりに明白なのでとても表には出てこないのである。

8　非暴力の使徒

(1) Editorial, *NYT*, June 13; Thomas Friedman, *NYT*, June 9; Anthony Lewis,

NYT, "Arafat to Choose," June 5, 1990.

(2) サダトとキャンプ・デーヴィッドについては第1信を見よ。ペレス／シャミール／ベーカー・プランについては第12信。背景全般については第1信の注4を見よ。中東のテロと現実世界のテロリズム一般に関しては、*Necessary Illusions (NI), Pirates & Emperors.* Also Edward S. Herman and Gerry O'Sullivan, *The 'Terrorism'Industry* (Pantheon, 1990) とそこに引用してあるハーマンの初期の著作、さらに Alexander George, ed., *Western State Terrorism* (Polity, 1991).

(3) Editorial, *NYT*, Nov. 16, 1988; Lewis, "Include Us Out," *NYT*, Dec. 1, 1988. See *NI*, App. V.4, for details.

(4) Sharon, *NYT*, Sept. 30, 1986.

(5) *Hadashot*, April 11, 1989.

(6) *Independent*, June 25, 1990.

(7) 詳細は *NI*, 192f を見よ。

(8) Pear, "Halt Raids on Israel or Put Ties at Risk, U.S. Tells the PLO," *NYT*, A7; Ihsan Hijazi, "Israeli Bomb Hits Lebanon School," *NYT*, A6, March 1, 1990. AP, *Boston Globe*, Feb. 28, 1989. Redman, Reuters, *BG*, March 1, 1989.

(9) Ihsan Hijazi, *NYT*, March 21; Nora Boustany, *Washington Post*, March 21; AP, Oct. 25, December 2, 1989. AP, Feb. 19,1990. Ihsan Hijazi, *NYT*, July 9, 10, 1990.

(10) Friedman, "For the Captors, Less In Common with Iran," *NYT*, April 24; AP, April 25; Robert Fisk, *Independent*, April 20; Julie Flint, *Observer*, May 13, 1990. キアムにおけるイスラエルの拷問部屋のかつての様子については、*Fateful Triangle, Pirates & Emperors* を見よ。

(11) *Yediot Ahronot*, April 7, 1988; *Hotam*, April 15, 1988. See *NI*, 294f.

9 UN（国連）イコール US（我ら米国）

(1) Editorial, *BG*, Aug. 8; Constable, *BG*, Aug. 20. Apple, *NYT*, Aug. 21, 1990.

(2) Goshko, *WP Weekly*, Sept. 3, 1990.

(3) Broder, *Ibid*.

(4) AP, June 1, 1990; これは「ニューヨーク・タイムズ」では報道されていない。 Cheryl Rubenberg, *Arab Studies Quarterly*, Fall 1989; Nabeel Abraham, *American-Arab Affairs*, Winter 1989-90. 以下の事例の詳細は拙著 *Culture of*

Terrorism (South End, 1988), 195; *Necessary Illusions*, 82f. 218ff.; *Fateful Triangle*, 9, 114 を見よ。国連とレバノンについては、Sally V. Mallison and W. Thomas Mallison, *Armed Conflict in Lebanon* (American Educational Trust, 1985),94, 104; T. Mallison and S. Mallison, *The Palestine Problem in International Law and World Order* (Longman, 1986), 477-79 を見よ。1990年末から91年にかけてのアメリカ合州国と国際連合との関係については、第12信を見よ。さらなる詳細は、Cynthia Peters, ed., *Collateral Damage* (South End, 1992) のなかの私が書いた章と、*Deterring Democracy* を見よ。このことに関係する学術研究はすくなく、基本的な資料さえ手に入りにくい。メディアと評論家たちはイデオロギー的な武器として利用できないかぎり、がいして国連を無視している。

(5) Editorial, *NYT*, Aug. 25, 1990.

(6) Sean Cronin, *Irish Times*, Aug. 11, 1990.

(7) "The U.N. versus the U.S.," *NYT magazine*, Jan. 22, 1984. これはアメリカ合州国対国連でないことに注意。そこには重要な意味の違いが孕まれている。

(8) Morgenthau, *The Purpose of American Politics* (Vintage, 1964); *Towards a New Cold War*, 73f も見よ。

10 追伸 「モイニハンの木馬に乗る」

(1) Traub, *NYT Magazine*, Sept. 16, 1990.

(2) Elaine Sciolino, *NYT*, Aug. 28, 1990.

(3) *NYT*, Jan. 28, 1976.

(4) *A Dangerous Place* (Little Brown, 1978).

(5) Carmel Budiardjo, letter, *Manchester Guardian Weekly*, Sept. 30, 1990.

(6) *NYT*, Sept. 24, 1990.

(7) Editorial, *NYT*, Oct. 2, 1990. 外交の記録とメディアによる隠蔽、およびその結果については、*Deterring Democracy*, chap. 6, "Afterword" を見よ。

(8) *NYT Week in Review*, Sept. 23.

(9) Editorial, *BG*, Oct. 7, 1990.

(10) "Nightline," *BG*, Sept. 23, 1990.

11　われらの「倫理目標意識」

(1) Clifford Krauss, *New York Times*, Dec. 8, 1990. 第9信に引用したトマス・フリードマンの文章も見よ。

(2) AP, *Boston Globe*, Dec. 10, 1990, World Briefs;「ニューヨーク・タイムズ」では無視された。

(3) *CAR*, Sept. 21, 1990.

(4) Pamela Constable, "Jesuit case has sharpened US dilemma in Salvador," *BG*, Nov. 18, 1990.

(5) Editorials, *Proceso*, Oct. 31, Nov. 7, 1990.

(6) AP, Nov. 17,1990.

(7) *Necessary Illusions*, 243f を見よ。

(8) *CAR*, Oct. 5, 26; *Excelsior*, Nov. 5, 1990.

(9) 国際司法裁判所が認可したニカラグアの要求を圧力によって取り下げさせることに成功した米国のやり口とその続編については、第15信を見よ。

(10) AP, *BG*, Nov. 16, 1990. 公安警察が米国の一方的支配の下にあるべきだとの長年の信念に関しては、拙著 *On Power and Ideology* (South End, 1987), lecture 1; *Year 501*, chap. 7.3 を見よ。

12 「われら人民」

(1) Apple, *NYT*, Nov. 8, 1990.

(2) Linsky, *Boston Globe*, July 7, 1990.

(3) 1992年の世論調査によれば、レーガンはニクソンをのぞけばもっとも人気のない元大統領ということになる。ニクソンを好む54パーセントにたいしてレーガンが58パーセントなので不支持率は肩を接してしている。いちばん人気があるのはカーターの74パーセント、第二位がフォードの68パーセントだが、これは彼の知名度が低いからだろう。レーガンはことに労働者と「レーガン民主党員」にきらわれており、彼らからレーガンは「役人のなかでももっとも不人気(63パーセント)」と見なされているとの研究もある。*Year 501*, chap. 11.1 を見よ。

(4) *Deterring Democracy*, chap. 12 にこのことについての議論がある。

13　平和をもたらす

(1) Andrew Rosenthal, "Bush Vows to Tackle Middle East Issues," *NYT*, Jan. 29; Friedman, *NYT*, March 11, 1991.

(2) Lewis, *NYT*, March 15; Cobban, *Christian Science Monitor*, March 12; Judis, *In These Times*, Feb. 27,1991.

(3) Editorial, *NYT*, March 11; editorial, *WP weekly*, March 11-17; *WSJ*, front-page headline, March 6,1991.

(4) Editorial, *LAT*, Feb. 26, 1991. *Mideast Mirror* (London), 27 March, 1991.

(5) Excerpts of Arab statement, *NYT*, March 12,1991. アメリカ合州国とイスラエル、およびレバノンについては、第７信を見よ。

(6) UN Draft A/44/L.51, 6 Dec. 1989.

(7) 第１信とそこに引用された資料を見よ。国連の平和維持活動をみごとに邪魔したこの米国大使については第９信を見よ。

(8) *Necessary Illusions*, 290-95 を見よ。

(9) *NYT*, March 28, 1991.

(10) Jacques Poos, Eberhard Rhein, *Mideast Mirror*, 28 March, 1991.

(11) Brinkley, *NYT*, Sept. 8; Cowell, *NYT*, Dec.12, 1989.

(12) *NYT*, April 14, "Week in Review," 1, April 14, 1991. 書誌と詳細および背景については、第１信で言及したもの、および注の４を見よ。

(13) 第２信を見よ。アメリカ合州国がイラクを支援していたことは多くの事実がわかっていたことではあるけれども（その大半はメディアによって隠されていた)、その程度とベーカーの重要な役割について明らかになったのはこの「レキシントンからの手紙」が書かれて数週間たってからだった。このことがアメリカの主流メディアにとどいたのは1992年初頭だった。Alan Friedman and Lionel Barber, *Financial Times* (London), May 3, May 24; AP, *BG*, May 23; Ralph Atkins et al., *FT*, July 29; James Adams and Nick Rufford, *Sunday Times* (London), July 28, 1991 を見よ。サダム・フセイン、あるいは彼が用済みになったらその代わりを支持する理由をのべるフリードマンの説明については、第13信を見よ。

(14) Al-Ahram, cited in *Mideast Mirror*, 27 March, 1991.

(15) *NYT*, April 13, 1991.

(16) Friedman, *NYT*, "Week in Review," April 14; *NYT*, April 10, 1991.

(17) *Ha'aretz*, March 8, 1991.

14　責任の重荷

(1) *NYT*, July 28, 1991. 詳細と資料については、Peters, *Collateral Damage* 所収の拙論、および *Deterring Democracy*, "Afterword" を見よ。

(2) *NYT*, June 24, 1991.

(3) Friedman, "Week in Review," *NYT*, July 7, 1991.

(4) Kathy Blair, *Toronto Globe & Mail*, June 17; Tyler, *NYT*, May 22; UN, *Guardian Weekly* (London), Aug. 4, 1991.

(5) *Wall Street Journal*, July 5, 1991.

(6) *WSJ*, April 8, 1991.

(7) Friedman, 注の３。

(8) *NYT*, Aug. 3, 1991.

(9) *Mideast Mirror* (London), March 15, 1991. Cowell, *NYT*, April. 11, 1991.

(10) Glass, *Spectator*, London, April 13, 1991.

(11) Cowell, *op. cit.*「人民」という概念については第４信を見よ。

(12) *al Ahram*, April 9, 1991; quoted in *Mideast Mirror* (London), April 10.

(13) Ron Ben-Yishai, interview with Shomron, *Ha'aretz*, March 29; Shalom Yerushalmi, "We are all with Saddam," *Kol Ha'ir*, April 4; Zak, senior editor of *Ma'ariv*, *Jerusalem Post*, April 4, 1991.

(14) わが国ではほとんど報道されないこうしたトルコの暴虐については、Peters, ed. (注１) 所収の拙論、とそこにあげてある資料を見よ。

(15) Editorial, *NYT*, Aug. 2, 1991.

15　スターリニズムの死と生

(1) Maureen Dowd, *NYT*, Feb. 23, 1991.

(2) "Democrats' disarray boosts Bush's apparent invulnerability," *BG*, Sept 1, 1991.

(3) "Baker's Remarks: Policy on Soviets," *NYT*; Friedman, *NYT*, Al, Sept. 5, 1991.

(4) Jules R. Benjamin, *The United States and the Origins of the Cuban Revolution* (Princeton, 1990), 207.

(5) Editorial, *NYT*, Sept. 8, 1991.

(6) Benedetti, *La Epoca*, Chile, May 4, 1991 が第13信で引用したエヴァリスト・

アーンズ大司教が表明した意見、および第三世界の多くの反応を反映している。Simes, "If the Cold War Is Over, Then What?," *NYT*, Dec. 27, 1988.

(7) *NYT*, Aug. 31, 1991, Al.

(8) *Necessary Illusions* に詳細な議論がある。*Manufacturing Consent* も参照。

16 毒の除去

(1) Graber, *PSQ*, Summer 1991.

(2) "Hearings on Gates Show Many Layers of His Personality," *NYT*, Oct. 6, 1991, 1.

(3) *NYT*, Sept. 20, 1991.

(4) *NYT*, Oct. 5, 1991.

(5) Thomas Friedman, "U.S. and Latins Moving to Isolate Haiti," *NYT*, Oct. 3, 1991 の最終段落。

(6) "The Bush-Hussein Duel," *NYT*, Sept. 26.

(7) Reuters, *Boston Globe*, "US writes off Nicaragua's debt," Sept. 26, 1991, p. 13.

(8) *BG*, "Nicaragua drops suit against US," Sept. 18, 1991, p. 70.

(9) Mark Uhlig, "U.S. Urges Nicaragua to Forgive Legal Claim," *NYT*, Sept. 30, 1990. 1992年アメリカ合州国はニカラグアにたいする一億ドル以上の援助を凍結、今回の理由はジェシー・ヘルムズ上院議員からの一連の嫌疑表明だった(その多くが後になって公表)。ニカラグアにたいするこの縛りが緩むことはなさそうで、少なくともニカラグア政府が米国の考える従順の基準に達するまではこうした抑圧は維持されそうだ。第10信を見よ。

(10) Apple, "Is Time Running Out for Bush to Remake the Middle East?,"*NYT* "Week in Review," Sept. 22, 1991, p. 1.

(11) Editorial, *BG*, Oct. 6.

(12) Negbi, *Hadashot*, Sept. 13, 1991. On current use of the law against Jews, see Clyde Haberman, "Israel Jails Abie Nathan for New Arafat Contact," *NYT*, Oct. 7, 1991.

(13) Rostow, Brown, cited in *On Power and Ideology*, 105. Lloyd George, cited in V.G. Kiernan, *European Empires from Conquest to Collapse* (Fontana, 1982), 200.

(14) "In Campus Debate On New Orthodoxy, A Counteroffensive," *NYT*, Sept.

25, 1991.

17 「鬼畜のごとき行為」

(1) Andrew Rosenthal, *NYT*, Al; David Johnston, *NYT*, A8; Nov. 15, 1991. Editorials, *NYT*, Nov. 16; *WP weekly*, Nov. 25, 1991. リビア爆撃のとき何が知られ何が隠されたかについては、*Pirates & Emperors*, chap. 3 を見よ。

(2) *NYT*, Nov. 16, 1991. See *Necessary Illusions* (NI), 270.

(3) Haberman, *NYT*, Nov. 21. Rosenthal, *NYT*, Nov. 22; award, *Jerusalem Post*, Nov. 7, 1991.

(4) *NI*, 271.

(5) "2 Libyans charged in Pan Am blast," *Boston Globe*, Nov. 15, 1991.

(6) Hiro, *The Longest War* (Routledge 1991), 211f., 239f.

(7) Carlson, *U.S. Naval Institute Proceedings*, Sept. 1989; Carlson, *Los Angeles Times* Op-Ed, Sept. 3, 1989.

(8) AP, April 23, 1990; *Third World Resurgence*, Malaysia, Oct. 1990. 1992年にこれまで政府の発表を繰り返すだけだった「ニューズウィーク」が独自にそれをやめて、長い間知られていた事実をやっと報道した。 John Barry and Roger Charles, "Sea of Lies," *Newsweek* July 13, 1992. Jim Sibbison, *LOOT*, Sept. 1992 が「ニューズウィーク」の1988年と1992年の報道を比較して論じている。

(9) *Chicago Tribune*, March 6, 1991.

(10) *Manchester Guardian Weekly*, Dec. 8, 1991.

(11) ウィルキンソンの業績については Alexander George, in George, ed., *Western State Terrorism* を見よ。 ラッカーについては同書の拙論と NI, 277-82 を見よ。「学問的な」記録一般については Herman and O'Sullivan, *"Terrorism" Industry* を見よ。

(12) Peters, ed., *Collateral Damage* 所収の拙論を見よ。

(13) *FEER*, July 25, 1991. 引用資料と詳細および背景については、*Year 501*, chap. 5 を見よ。

(14) AP, Nov. 19, 1991.

(15) *Central America Report*, Guatemala, Feb. 15, 1991.

(16) AP, *BG*, Nov. 16; Tony Walker, *Financial Times* (London), Dec. 6; Rubin, "The US and Britain Should Take Libya to Court," *Christian Science Monitor*,

Dec. 2, 1991.

(17) John Mashek, "Bush domestic plan reported in the works; Aides cite concern on standing in polls," *BG*, Nov. 15, 1991.

(18) *Pirates & Emperors*, chap. 3 にこの件が一括して論じられている。

18　政治的に適正なる思想警察

(1) Herman and Chomsky, *Manufacturing Consent*, 226f を見よ。

(2) James Miller and Peter Donhowe, *Washington Post Weekly*, Feb.17, 1986.

(3) Herman and Chomsky, *Manufacturing Consent*, chap. 5.2 と appendix 3 を見よ。

(4) 第６信を見よ。

(5) 第４信および *Deterring Democracy*, chap. 10 を見よ。コンドラックによる成功したテロ評価と権力への忠実度については、*Culture of Terrorism* と *Necessary Illusions* を見よ。

(6) こうしたコメントにたいするカーの返答も興味をひくかもしれない。そのまま引くと「アメリカ史のなかでどちらの側も血に飢えた獣のようにふるまうことがなかった) という発想は多くの人々にとってあまりに道徳的にこみいっており堪えがたいだろう」。(Letters, *NYT Book Review*, Aug. 23, 1992, 関係のない文脈で挿入されたもので、こうしたコメントが掲載された口にしてはならない雑誌への言及もなし)。ナチスとの類推は読者のみなさんの練習用にとっておこう。

(7) ニューマンは「自分の本への攻撃」と彼が考えたらしく『ＬＯＯＴ』の８月号でこれに応答している。私自身の応答は『ＬＯＯＴ』の９月号に掲載された。

(8) See my article in『Z マガジン』の1992年10月に出た拙論を見よ。拙著 *Rethinking Camelot* (South End, 1993) により詳細な議論と資料がある。

(9) ジョン・F・ケネディが勝てなくても撤退することを計画していたという説の唱導者たちは（ニューマンも含む)、内部資料がケネディの公式声明とかなり違うことを一様に示唆する。こうした見方と、ケネディからジョンソンへの権力交替以前と以降における政府高官レベルでの計画文書にかんする主張についての評定は、注８の文献を見よ。

19　安らかに眠れ

(1) Landrum Bolling, ed., *Reporters Under Fire* (Westview, 1985); 詳細な検証は、*Necessary Illusions (NI)*, App. 1.2 を見よ。

(2) *NI*, App. I,1 で議論されている。

(3) Lederman, *Battle Lines: the American Media and the Intifada* (Holt, 1992). Rubin, *NYT Book Review*, March 1, 1992.

(4) 1988年4月イスラエルの徒歩旅行者ティルザ・ポラットが西岸の村ベイタで殺害され、イスラエルとアメリカ合州国ではヒステリー的反応が引き起こされただけでなく、村の一部が破壊されて住民に多大な被害が及ぼされた。イスラエル軍は事件後すぐにハイカーたちを案内していた極右のイスラエル人が彼女を殺したこと、さらにこの男が他にも多くの犯罪を犯していたことを知っていた。この真実はすばやくキフナーによって明らかにされ、「ニューヨーク・タイムズ」のなかではめずらしく職業的倫理と有能さのあるジャーナリストであることが立証される。(軍隊の戒厳令下にあった) この村はわたし自身数日後そうしたように裏道から容易に入ることができたが、たいがいのジャーナリストたちは足を遠ざけて近づこうとしなかった。拙論 "Scenes from the Uprising," *Z magazine*, July 1988 を見よ。

(5) 詳細な記録については、第1信の注4にある資料を見よ。

(6) Rubinstein, *The People of Nowhere* (Random House, 1991), 117.

(7) 注4の文献、および Zachary Lockman & Joel Beinin, eds., *Intifada* (MERIP-South End, 1989) 初秋の論文を見よ。

(8) 詳細な検討が Joost Hiltermann, *Behind the Intifada* (Princeton, 1991) にある。

(9) *Jewish Post*, Dec. 18, 1991; 第16、17信を見よ。

(10) 小さな事例が *NI*, 315-16 にある。

(11) *Deterring Democracy* にまとめがある。

20　おきまりの階級闘争

(1) Constable, *BG*, Jan. 3, 1993.

(2) French, *NYT*, Sept. 27, 1992.

(3) Michael Tarr, Reuters, *BG*, Jan. 19; Reuters, *NYT*, Jan. 19, 1993.

(4) Editorial, *NYT*, Jan 17, 1993.

(5) COHA, "Sun Setting on Hopes for Haitian Democracy," Jan. 6, 1992.

(6) French, *NYT*, Oct. 22, 1991.

(7) *Ibid.*, Jan. 12, 1992.

(8) Sullivan, review of William Shawcross, *Murdoch, NYT Book Review*, Jan. 17, 1993.

(9) フレンチの一連の報道 "Clinton's Headaches: A World Afflicted by Wars and Poverty," *NYT*, Jan. 15, 1993 のなかのひとつ。

(10) Wilentz, *Reconstruction*, vol. 1.4, 1992.

(11) Linda Diebel, *Toronto Star*, Oct. 10, 1991.

(12) カーター時代については Chomsky and Edward Herman, *Political Economy of Human Rights* (South End, 1979), vol. II, 54f. を見よ。後の時代については *Year 501* を見よ。BMAの報告については Extra!, FAIR, Jan/Feb. 1993 を見よ。

(13) James, *Financial Times*, Dec. 10, 1992.

(14) *WP weekly*, Feb. 17, 10, 1992 (Hockstader, editorial); Barbara Crossette, *NYT*, May 28, 1992.

(15) Crossette, *NYT*, Feb. 5, 1992.

(16) Weymouth, *WP*, Dec. 18, 1992.

(17) *WP*, Dec. 20, 1992.

(18) French, *NYT*, Jan. 9, 1993.

(19) Elaine Sciolino, *NYT*, Jan. 15, 1993.

(20) *Year 501*, chap8 とそこにあげられている文献がその稀有な例だ。ハイチ国会の強制的解散とアメリカ合州国がおしつけた憲法の欺瞞にみちた「実施」は、ジョージ・ケナンによれば冷戦を引きおこした要因ともなったボルシェヴィキによる憲法議会の解散と時を同じくする。こうした反応の比較が *Rethinking Camelot*, introduction でなされている。

メディアとプロパガンダ
新装版

2019年8月14日　第1刷印刷
2019年8月30日　第1刷発行

著者――ノーム・チョムスキー
訳者――本橋哲也
発行者――清水一人
発行所――青土社
東京都千代田区神田神保町1－29 市瀬ビル〒101-0051
［電話］03-3291-9831（編集）03-3294-7829（営業）
［振替］00190-7-192955

印刷・製本――ディグ

装幀――今垣知沙子

ISBN978-4-7917-7211-7　Printed in Japan